Herderbücherei

Band 1267

Über das Buch

Das Bedürfnis, die Sprache des Unbewußten zu verstehen, ist in der letzten Zeit immer größer geworden. Viele Menschen wollen auch im psychischen Bereich bewußter leben und sich über ihre inneren Möglichkeiten, Kräfte und Impulse klarwerden. Daraus entsteht das Interesse, sich die Bilder der Traumsprache zugänglich zu machen.

Die Anleitung zum Verständnis seiner Träume erhält der Leser dieses Buches zunächst durch eine Einführung in die Funktion des Traums als Vermittler zwischen Unbewußtem und Bewußtem. Der nächste Schritt bringt die Interpretation von Symbolen, um Zugang zu finden zur Bildsprache des Traums. Der Autor führt als erfahrener Analytiker in diese Welt so klar und einfühlbar ein, daß der Leser zum Träumer wird und sich immer wieder selbst in diesen Aussagen erkennen kann. So erwächst für den einzelnen aus der Deutung die Hilfe, welche das Unbewußte durch seine Mitteilung im Schlaf bringen will.

Über den Autor

Studium der Psychologie, Philosophie und Medizinischen Psychologie an den Universitäten Tübingen und Königsberg. Lehranalytiker der Deutschen Gesellschaft für Psychosomatik, Psychotherapie und Tiefenpsychologie. Mitglied der Deutschen Gesellschaft für Analytische Psychologie.

Seit über 35 Jahren als Diplompsychologe und Psychoanalytiker in freier Praxis tätig. Dadurch große Erfahrung im Umgang mit der Sprache des Traums und Übung im Nahebringen von Aussagen der Symbole.

Willy H. Fischle

Dein Seinen gibt's der Herr im Traum

Anleitung zum Verstehen von Traumsymbolen

Herderbücherei

Originalausgabe
erstmals veröffentlicht als Herder-Taschenbuch

Buchumschlag: Walter Emmrich

Herder Freiburg · Basel · Wien
Herstellung: Freiburger Graphische Betriebe 1986
ISBN 3-451-08267-5

Inhalt

Vorwort

Nach einer Einführung in die Sprache und Funktion des Traums will ich durch Beispiele die Möglichkeit geben, den Zugang zu Symbolen leichter zu finden. Die Auswahl erfolgt aus den in der täglichen Praxis am häufigsten zu bearbeitenden Problemen und Konflikten. Die dabei vorkommenden Symbole, deren sich das Unbewußte als Ausdrucksmöglichkeit bedient, sind auch am leichtesten zugänglich und verständlich zu machen. Auf Sensationen wurde verzichtet.

Das „Unbewußte" kann nur nonisch definiert werden als jene Bereiche der Person, die dem Bewußtsein nicht zugänglich sind. Der Einfachheit in der Ausdrucksweise wegen kann jedoch auf den Begriff nicht verzichtet werden. Er wird als Arbeitshypothese verwendet. Seine Erscheinungen sind erfahrbar. Wir kennen dieselbe Verhaltensweise bei den Naturwissenschaften. Auch sie verwenden Begriffe wie „Energie" in verschiedener Weise, ohne klar umrissene Aussagen über dieses Phänomen machen zu können. Ebenso steht in der subatomaren Physik hinter den uns heute zugänglichen Ergebnissen der Forschung das nicht mehr Wahrnehmbare und nicht Formulierbare, auf das jedoch durch seine Aktionen und Äußerungen geschlossen werden kann. Wenn wir uns also in der Psychologie mit dem Unbewußten befassen, widerspricht dieses Verhalten nicht den Maßstäben der allgemeinen Wissenschaftlichkeit, die immer auf der Suche nach Ausdrucksmöglichkeiten für ihre Arbeitshypothesen sein wird und bis zur Formulierbarkeit auf Umschreibungen angewiesen ist.

Ein Symbollexikon, wie es so oft gewünscht wird, kann und soll dieses Buch nicht sein. Das Symbol läßt sich nicht in punktueller Eindeutigkeit festlegen, weil es stets in einen Zusammenhang verwoben ist, zu dem es gehört und von dem es selbst ein Teil ist. Unsere Auswahl verlangt einen Verzicht auf viele interessante und erwähnenswerte Stichworte. Dafür läßt die Beschränkung auf die angeführten Symbolgruppen die Lebendigkeit des wörtlichen Traumtextes zu, so daß nicht *über* das Symbol geschrieben wird, sondern es selbst zur Sprache kommt. Nehmen Sie als Leser auf, was in diesen Ausführungen bearbeitet ist, und verlegen Sie sich nicht zu sehr darauf zu suchen, was noch nachgetragen werden könnte.

Es sind nun Jahrzehnte her, daß ich, knapp ausgebildet, aber zum Staunen bereit, die ersten Träume anderer Menschen in Analysen zu deuten hatte. Aus der Unsicherheit und den Fragen des Anfangs ist eine reiche Erfahrung geworden. Das Staunen und die Faszination über die Gültigkeit der Mitteilungen des Unbewußten sind bis heute geblieben. Träume können falsch gedeutet und verstanden werden. Ihre im Bild enthaltenen Aussagen jedoch stimmen mit Sicherheit.

Widerstand und nicht erkannte Ängste gegenüber dem, was unser Unbewußtes meldet, liegt oft darin begründet, daß Selbsterkenntnis über das bewußte Wissen zur Verwirklichung drängt. Das aber bedeutet: Man kann sich nicht weiterhin mit Verdrängungen zufriedengeben, sondern muß bereit sein zur Weiterentwicklung und zur Auseinandersetzung mit sich selbst.

Wer die lebensfördernde und heilende Begegnung mit dem Unbewußten nicht kennt, mag die Frage stellen, was die Beschäftigung mit dem Unbewußten soll, wenn keine Notwendigkeit dazu besteht. Die Zuwendung zum eigenen Innern wird oft verwechselt mit unproduktiver Selbstbespiegelung. Die Hilfe, die der einzelne aus seinen Tiefenschichten erfahren kann, entscheidet darüber, ob er die Möglichkeiten seines Lebens verwirklicht oder nicht. Darüber hinaus wird der bewußter lebende Mensch für seine Mitmenschen wie für seine Umwelt aufgeschlossener sein. Der „Unbewußte“ erliegt der Fremdbestimmung und der Verführbarkeit. Er ist viel mehr in der Gefahr der Vermassung und fällt leichter von Mode und Zeitgeist bestimmten extremen Tendenzen anheim. Bewußter leben heißt also nicht nur, sich selbst finden, bewahren und schützen, sondern darüber hinaus auch in Gemeinschaft und Gesellschaft in höherem Maß verantwortlich und verbindlich sein zu können.

Wo eine Hilfe bei der Deutung der Bilder aus dem Unbewußten nötig wird, ist die Rolle des Analytikers so zu verstehen, daß er trotz allem Vorsprung an fachlichem und persönlichem Wissen und Erfahrung sich bewußt sein sollte, nicht mehr als Geburtshelfer zu sein.

Ramsau am Dachstein, im Mai 1985 *Willy H. Fischle*

A

EINFÜHRUNG IN DIE TRAUMSPRACHE

Die Gabe, welche im Text des Psalms, auf den unser Titel anspielt, zwei Zeilen vorher genannt wird, ist das Brot. Wie wir aus manchem Bild wissen, gilt es als Grundnahrungsmittel für Leib und Seele. So ist es auch hier zu verstehen. Ohne Gaben aus dem Unbewußten kann der Mensch nicht leben. Nun sagt unser Satz, daß es gar nicht nötig ist, sich durch Aktivität und Leistung um diese Zuwendung zu bemühen. Im Schlaf wird sie uns gegeben.

Hier bietet sich eine Möglichkeit. Das Wort Methode dafür zu verwenden, scheue ich mich schon, da zuviel Zielstrebigkeit dadurch eingebracht würde. Zur Voraussetzung gehört gerade, daß ich nicht willentlich verspannt die Aussagen des Unbewußten erzwinge. Bereit sein ist alles, was not tut. Dann wird man beschenkt wie im Märchen. Dort schlägt sich immer wieder die Erfahrung des Menschen nieder, daß uns Dinge zukommen ohne gezieltes Bemühen oder sichtbaren Grund. Daß man beschenkt wird, ist ein Grunderlebnis. Das Wissen darum ist beruhigend und tröstlich. Es schafft ein Gefühl des Getragenseins vom Leben und vermittelt Vertrauen zu dem, was rational nicht faßbar ist.

Die Bereitschaft zum Aufnehmen ist in der Zugehörigkeit enthalten: „Den Seinen" meint das Übereinstimmen mit den Tiefen, die uns etwas zu sagen haben. Zu den Seinen zu gehören heißt Eins-sein mit dem Ganzen. Das wiederum bedeutet angenommen-sein und teilhaben, damit auch hören können und aufnehmen, was diese Schichten sagen. Aus dem Erlebnis der Zugehörigkeit und des Getragenseins in diesem Seinsbereich entwickelt sich ein Verstehen der Traumsprache, das nicht allen Menschen unserer Kultur unmittelbar zur Verfügung steht.

Alle Mitteilungen aus unseren Tiefenschichten kommen in

Form von Bildern auf uns zu. So ist es leicht verständlich, daß ein Mann bei Beginn seiner Analyse davon träumt, daß er auf der Suche nach Malpinseln ist. Er findet sie in einem Klassenzimmer eines Schulgebäudes. Der Lehrer, der dort unterrichtet, frägt ihn, ob er ein zurückgebliebener Altschüler sei. Er erwidert, er sei ein Gastschüler und habe schon eine abgeschlossene Berufsausbildung.

Das Lernen in der Schule ist für den Menschen unserer Kultur eine derart grundlegende Erfahrung, daß dieser Mann die analytische Arbeit auch zunächst als Lernprozeß einordnet. Daher wird die Szene in die Schule verlegt. Allerdings bleibt ihm bewußt, daß er von seinem Lebensalter her nicht mehr als Schulkind voll dazugehören kann, sondern daß er vom Lehrer, der für die Schule übergeordneten Instanz, als „zurückgebliebener Altschüler" eingeordnet wird. Er selbst möchte sich lieber als „Gastschüler" bezeichnet sehen, womit er den zeitlich begrenzten Aufenthalt in der Schule betont. Immerhin findet er in dieser Schule die Pinsel, welche er zum Malen seiner Bilder in den Träumen braucht.

Kaum ist das Traumbild aufgetaucht, entsteht die nächste Schwierigkeit: Aus dem Bild muß ein Text werden, der formuliert, mitgeteilt, sogar aufgeschrieben werden kann. Er muß nach der Ablösung vom Bild den logischen Gesetzen unserer kausalverknüpfenden Denkweise entsprechen. Sonst wird er von unserem kritischen Verstand verworfen. Unsere Merkfähigkeit speichert ihn nicht. Er geht nicht in unser Gedächtnis ein. Der Träumer drückt diesen Vorgang so aus: „Ich habe heute Nacht geträumt, konnte es aber nicht behalten." Dieser Vorgang der Abstraktion vom Bild zum Text wurde von einem Mann folgendermaßen geträumt: „Ich schreibe eine Arbeit in Französisch. Dabei soll ich Bilder in eine Geschichte umsetzen. Der Inhalt der Bilder bezieht sich auf berufliche Arbeit und auf die Familie. Ich komme sehr langsam voran, da mir die Vokabeln fehlen. Die Arbeit wird von unserem Mathematiklehrer beaufsichtigt. Als ich ungefähr ein Drittel geschafft habe, muß ich das Heft abgeben. Ich will noch einen Schlußsatz schreiben. Der Lehrer läßt es aber nicht zu. Ich weiß, daß die Arbeit schlecht ausfallen wird, was mir sehr zusetzt."

Der Träumer empfindet die Aufgabe, den Text des Traumes zu formulieren, als eine Übersetzungsaufgabe in eine andere Sprache, wie er dies von der Schule her kennt. Die Aufsicht führt der Lehrer für Mathematik, der von seinem Fach her am ehesten für die Abstraktion zuständig ist. Der Inhalt des Traumes betrifft zwei der Hauptthemen, die am häufigsten Ausgangspunkt für die Aussagen sind: Beruf und Familie. Der Mann ist in diesem Übertragen noch ungeübt. Daher kommt er nur langsam vorwärts. Ein guter Teil der Traumbilder geht verloren. Nur der dritte Teil steht nachher im Heft. Auch der angestrebte abschließende Satz bleibt ungeschrieben. Entsprechend seinem Einsatz und seinen Leistungen in der Schule ist das Ergebnis seines Bemühens für ihn unbefriedigend. Bei der Bearbeitung dieses Traumes wird man ihn trösten können. Im Unbewußten kann nichts verlorengehen. Was er in diesem Stadium der Traumarbeit noch nicht erfassen kann, wird bei Gelegenheit wieder angeboten. Dann ist er wahrscheinlich so weit, daß er entsprechend seiner fortgeschrittenen Aufnahmefähigkeit mehr in seinem Heft aufschreiben kann.

Die Übersetzungsarbeit vom Bild zum Text kann man sich sparen, wenn man statt des geträumten Bildes das gemalte wählt. Es kommt aus derselben Quelle und enthält genauso Aussagen des Unbewußten, die verstehbar sind. Natürlich wird man zugeben müssen, daß diese Mitteilungen am einfachsten „im Schlaf" als Traum zu haben sind. Kommt ein Mensch jedoch nicht leicht zum Träumen, kann er das Bild nicht voll als Text formulieren oder will er über das Träumen hinaus mehr dazu tun, daß er unbewußte Inhalte in das Bewußtsein hebt, dann ist das unbewußte Malen eine gute Ergänzung. Als Vorbereitung dazu braucht man lediglich Farben, die einen nicht zu dünnen Strich abgeben, und einen Stapel Blätter von einfachem Papier, die im Format nicht zu klein geschnitten sein sollten. Wachskreiden haben sich recht gut bewährt. Eine weitere Voraussetzung wäre, daß man genügend Zeit für sich hat. Die Anleitung kann man sich selbst geben: Ich male jetzt, was mir einfällt. Wenn der Prozeß nicht sofort in Gang kommen will, bleibt man vielleicht an einem Gegenstand hängen, der im Blickfeld steht. Dann ist es besser, diesen zu malen und dieses Blatt auf die Seite zu legen, als über gewaltsame Konzentration dieses Motiv wegschieben zu wollen. Oft braucht man 4 bis 5 Blätter, welche nur Ansätze sind, bis man zu einem Bild aus dem Unbewußten kommt.

Daß diese gemalten Bilder deutbar sind wie die Träume, soll ein Bild aufzeigen, das eine 30jährige Frau mitbrachte. Sie zeichnete sich als Burgfräulein in einer Burg, die von dicken Mauern umgeben war. Das Tor war spaltbreit geöffnet. Vor dem Tor ringelte sich mit hochgestelltem Kopf eine Schlange, von der die Analysandin meinte, sie wolle wohl in die Burg hinein.

Diese Frau hat sich in ihrem Leben hinter dicken Mauern verschanzt und sich damit in die sterile Rolle eines Burgfräuleins hineinmanövriert. Nun taucht dieses Bild auf, in welchem sie es wagt, das Tor eine Kleinigkeit zu öffnen. Draußen wartet im Symbol der Schlange das Leben mit all seinen Risiken und Verwandlungen bis zur partnerschaftlichen Beziehung in der Sexualität, wie sie die vielseitigen Aspekte der Schlange umfassen. Nach dem Bild scheint die Malerin bereit zu sein, das Tor zu öffnen und diese Möglichkeiten trotz aller Bedenken und Angst in ihren Bereich hineinzulassen.

Bei der Interpretation dieses Bildes wird schon sichtbar, was uns als Nächstes beschäftigen soll: Das Bild wird zum Träger einer Aufforderung. Dies ist eine Aussage, die man verallgemeinern kann. Mitteilungen des Unbewußten enthalten häufig eine auffordernde Komponente. Die Freiheit der Entscheidung bleibt zwar erhalten. Das Unbewußte zwingt nicht zur Handlung, doch zeigt es auf und gibt zu bedenken und zu erfühlen, ob man in der durch das Bild bewußt gemachten Situation nicht einiges ändern müßte.

Ein junger Mann träumt, er fahre mit der Eisenbahn wie früher lange Jahre gewohnt von seinem Wohnort zur Kreisstadt in die Schule. Da sieht er vom Abteil aus, daß neben dem Zug ein Auto auf der Straße parallel zur Streckenführung herfährt. Am Steuer dieses Wagens sitzt niemand. Er überlegt sich im Traum, ob er nicht vom Zug auf das Auto umsteigen soll. Hier ist ein solches Angebot aus dem Unbewußten. Jahrelang fuhr dieser Mann seinen Weg im Schienenfahrzeug. Damit wird die Prägung in dieser Zeit durch Elternhaus und Schule angesprochen. Das Unbewußte zeigt ihm, daß er heute noch in den Schienen von damals läuft, in seinem Reaktionsschema fixiert ist und auf die Lenkung keinen Einfluß nehmen kann. Als Vorschlag zur Veränderung bietet ihm das Unbewußte an, auf das Auto umzusteigen und die Steuerung selbst in die Hand zu nehmen. Die Entscheidung bleibt dem Träumer überlassen. Zunächst geht es darum, bereit zu sein, das Bild nach der Deutung in sich aufzunehmen und zu verstehen. Er hat die Freiheit, der Aufforderung nachzukommen oder sie abzulehnen. Weder Krankheit noch Symptome zwingen in diesem Fall zur Verhaltensänderung.

Ein kleines Beispiel, bei dem die Aufforderung im Traum sehr direkt ausgedrückt wurde, kann ich aus eigenem Erleben beisteuern: Als ich mit der Stoffsammlung und Formulierung des Manuskripts für dieses Buch beschäftigt war, weckte mich nachts im Traum ein Muezzin und verlangte, ich solle sofort aufstehen und den Text meines Traumes aufschreiben. Als ich in meiner Traumverschlafenheit dazu nicht gleich bereit war, drohte er mir, er werde neben meinem Bett kniend jetzt seinen Ruf zum Gebet in voller Lautstärker ertönen lassen. Nun kenne ich diesen Ruf von Reisen durch Kleinasien. Wenn wir in der Nähe eines Dorfes in unserem Zelt schliefen und in der Morgenfrühe der Muezzin vom naheliegenden Minarett seinen Ruf erschallen ließ, war an Schlaf nicht mehr zu denken. Um diesen Weckruf neben meinem Bett zu verhindern, fuhr ich aus dem Traum auf und begab mich an meinen Schreibtisch, um die drei Traumtexte, die mir als brauchbare Beispiele zur Darstellung von Zusammenhängen in diesem Buch im Laufe dieser Nacht erschienen, auf dem Papier festzuhalten und zu interpretieren.

Neben der Aufforderung sehen wir in diesem Traum auch, daß das Unbewußte im Schlaf einen Vorbereitungsprozeß zur Bewußtmachung und Formulierung leistet. Wir wissen von Künstlern und Wissenschaftlern, daß sie Lösungen anstehender schwieriger Probleme im Tagesbewußtsein nicht erreichen konnten, ihnen jedoch im Schlaf Hinweise auf Lösungen gegeben wurden. Dies ist für jeden von uns erfahrbar. Wenn wir uns vor dem Einschlafen bestimmten Themen, Gedanken und Überlegungen zuwenden, können wir uns darauf verlassen, daß sich im Schlaf die dadurch ausgelösten Prozesse der Beschäftigung mit diesem Stoff vertiefen und fortsetzen. Das bedeutet, daß durch die Beteiligung des Unbewußten eine intensivere Auseinandersetzung stattfindet und daß sich damit Ergebnisse leichter finden lassen.

Der Aufforderungscharakter des Traumes kommt nur zur Wirkung, wenn als Gegenstück im Träumer eine Bereitschaft vorhanden ist, diese Aussagen des Traumes aufzunehmen und im Herzen zu bewegen. Im Bild kann diese Bereitschaft in der Annahme des Weges, den man gehen soll, ausgedrückt sein. Eine Frau wird im Traum aufgefordert, eine lange Reise zu machen. Sie trifft Vorbereitungen dazu. Die Reise soll über Rußland, Sibirien bis in den Fernen Osten gehen. Dazu fällt ihr ein, daß diese Länder für sie geheimnisvoll, unbekannt und beängstigend sein können. Trotzdem macht sie sich im Traum auf den Weg.

Die Annahme eines solchen Auftrags kann auch auf Widerstand stoßen. Vor allem im Anfang der Begegnung mit dem Unbewußten fehlt bei manchem das Vertrauen in die Methode, die der bisher gewohnten rationalen Haltung in der Lebensbewältigung widerspricht. Außerdem verhindern Abwehrmechanismen, welche zur Verdrängung der Inhalte, die jetzt bewußt werden sollen, beigetragen haben, den einfachen Zugang. Das führt dazu, daß sich Angst bemerkbar macht und die Bereitschaft, den Weg auf sich zu nehmen, reduziert.

Ein anderer Traum zeigt, daß der Weg in das Unbewußte in Form des Abstiegs in eine Höhle zu suchen ist. Der Text lautet: „Ich möchte eine Höhle besichtigen. Ein junger Mann, der als Austauschschüler einige Wochen in unserer Familie verbracht hat, begleitet mich. Man muß zunächst durch eine Art Fußgängerunterführung in einen Warteraum untertage. Von dort aus wird man gruppenweise in den Höhleneingang geschleust. Dann steigen wir durch einen engen Kamin hinab in die Tiefe. Ich taste nach meiner umgehängten Handtasche und stelle fest, daß mein Meerschweinchen darin sitzt. Ich meine, daß ich jetzt besonders aufpassen muß, daß das Tierchen nicht herausfällt oder heraushüpft. Unser Abstieg durch den Kamin endet an einem Bach. Von hier aus geht es in die Höhle. Wir stehen am eigentlichen Höhleneingang."

Diese Analysandin ist bereit, in das Unbewußte hinabzusteigen. Eine Wartezeit zwischen Anmeldung und Beginn der analytischen Arbeit hat sie hinter sich. Dies zeigt sich im Bild des Warteraums. Ebenso findet im Traum die Tatsache ihren Niederschlag, daß sie die Analyse zunächst in einer Gruppe begonnen hat. Nun geht es darum, den Einstieg in die eigentliche Höhle und damit in tiefere Schichten in der Einzelanalyse zu finden. Auf das Wasser als Symbol des Unbewußten ist sie in Form des Baches schon gestoßen. Auch er fließt ja abwärts in die Tiefe. Wichtig im Traum sind noch die beiden Begleiter: Der junge Mann verkörpert ihre sich entwickelnden männlichen Kräfte, die sie als Ergänzung gut gebrauchen kann. Das Meerschweinchen in der Handtasche ist ihre Gefühlsfunktion, die ebenfalls der Zuwendung bedarf. Auf beide Symbole werden wir im Verlauf der Deutung spezieller Symbole noch eingehen.

Ein Mann löst seinen Zugang zum Unbewußten sehr zügig und mit moderner Technik: „Ich fahre mit dem Fahrstuhl in eine unterirdische Welt. Er fällt durch bis 100 Meter unter der Erde. Dort ist alles leer, tot, ausgestorben. Nur ein Sex-Kino ist in Betrieb. Dort läuft ein Film über sexuelle Aufklärung." Die Sexualität nimmt in den unbewußten Bereichen dieses Träumers eine beherrschende Rolle ein, so daß daneben alles andere zurücktritt. Die Umgebung ist öd und leer. Um die Einordnung der Sexualität vollziehen zu können und um ihre Bedeutung in die Umgebung zu integrieren, ist als erstes Aufklärung notwendig. Daran hat es natürlich in Wirklichkeit für diesen Mann in seiner Kindheit und Jugend gefehlt. Bei seinem Besuch im Unbewußten wird ihm dieses Thema vorgeführt.

Der Weg ins Unbewußte, bei dem sich der Traum auch heute noch als via regia erweist, wird notwendig, um diese Fixierungen zu erkennen und damit auch in der äußeren Wirklichkeit lösen zu können. Wenn sie nicht bewußt gemacht werden, bekommt der Mensch zwar die Auswirkungen der Komplexe zu spüren, weiß jedoch nie richtig, wie ihm geschieht und was in ihm vorgeht. Daher ist die Einbeziehung der tieferen Schichten und der Austausch zwischen oben und unten, zwischen bewußten und unbewußten Bereichen, wichtig. Der Hinweis in einem anderen Traumbild, daß zwischen Obergeschoß und Keller des eigenen Hauses eine dicke Betondecke sich durchziehe, keine Treppe bestehe und nicht einmal ein Schacht einen Austausch ermögliche. muß für den Träumer alarmierend sein. Die „Tiefen"-Psychologie bemüht sich darum, die Räume „im Keller" als dem Teil, der dem Bewußtsein ferner ist, zugänglich zu machen. Die Auseinandersetzung mit den Entdeckungen erfolgt dann „über der Erde", wo genug Helligkeit und Bewußtheit besteht. Die Analytische Psychologie von C. G. Jung hat erarbeitet, daß die Begegnung mit Inhalten aus dem persönlichen Unbewußten, das den Niederschlag der eigenen Kindheit, die persönlichen Erfahrungen, Belastungen und Traumen umfaßt, nur ein Teil dessen ist, was das Unbewußte zum Verarbeiten im Bewußtsein anbietet. Auch Überpersönliches kann geträumt und angesprochen werden. Nach Befreiung von persönlichen Problemen werden geistige Orientierung und das Wertsystem ebenfalls zur Bewußtmachung angeboten. Wenn die Tiefenpsychologie diese Teile in ihren analytischen Auftrag miteinbezieht, kann sie der Vorwurf, sie beschäftige sich zuviel mit der Unterwelt, nicht treffen.

Die Bewußtseinserweiterung wird häufig durch ein Bild dargestellt, in welchem der Träumer bemüht ist oder aufgefordert wird, mehr Licht in das Dunkel zu bringen. In dem ersten Beispiel ist die Abkapselung schon sehr stark: „Ich schlafe in einem Zimmer, das keine Fenster hat. Es ist ganz dunkel. Ich überlege mir, ob ich hier genügend Luft bekomme." Im Traum dieses Mannes hat das Zimmer, in dem er sich aufhält, gar keine Fenster. Der Zustand kommt einer Gefangenschaft in völliger Isolierung gleich. Neben dem Dunkel trägt auch die mangelnde Sauerstoffzufuhr zur Reduzierung der Lebensvorgänge bei, so daß nur eine unterschwellige Existenz in Form von Schlaf möglich erscheint.

Im Vergleich dazu hat ein anderer Mann im nächsten Traum bessere Möglichkeiten, Licht in das Dunkel seines Unbewußten zu bringen. „Ich träume, daß ich in einem dunklen Zimmer bin, und bemerke, wie durch die Ritzen der Fensterläden etwas Licht hereinkommt. Ich ziehe einen Rolladen hoch und sehe, daß draußen heller Tag ist. Ich bin fast geblendet von der Sonne." Dieser Mann lebte nach seiner Lebensgeschichte bisher nur für sich in seinem kleinen Bereich und nahm wenig Anteil an seiner Umgebung. Das führt zu einem Abgespaltensein zwischen ihm und der Welt, zwischen innen und außen, zwischen Bewußtem und Unbewußtem. Der Austausch zwischen diesen Bereichen, den wir soeben als notwendig für eine gesunde Existenz erkannt haben, konnte nicht stattfinden. Nun ist er im Traum bemüht, Licht in sein Dunkel zu lassen.

Im Anfang seiner Analyse bewegt sich ein Mann im Untergeschoß eines Hauses. Es scheint ihm, daß dort altes Gerümpel abgestellt ist. Er kann aber nichts erkennen, da die Räume im Dunkel liegen. Er sucht intensiv nach einem Lichtschalter. Dabei muß er sich kreuz und quer durchtasten, bis er den Schalter findet. In diesem Bild wird dem Mann aufgezeigt, daß sich in seinem Unbewußten im Lauf der Jahre einiges angesammelt hat, mit dem er sich nun auseinandersetzen soll. Voraussetzung dazu ist jedoch, daß er diese Dinge sehen kann. Er stellt sich dies verhältnismäßig einfach vor. Man muß nur den Schalter erst haben, dann läßt sich durch Knopfdruck die Beleuchtung einschalten.

Nach einigen Monaten, während deren Analyse und Entwicklung in Gang kamen, träumte derselbe Mann: „Ich gehe eine Kellertreppe hinunter. Sie führt in ein altes, feuchtes Gewölbe. Die Treppe hat kein Geländer. Ich muß aufpassen, daß ich nicht ausrutsche und abstürze. In der Hand habe ich eine Kerze, bei deren Licht ich aber nur wenig erkennen kann. Es sind Tiere im Keller. Ich glaube, es ist ein großer Bär dabei. Ich habe Angst und wache auf." Der Träumer hat inzwischen gemerkt, daß man das Unbewußte nicht mit Schalter und Scheinwerfer durchleuchten kann. Die ganzen Formulierungen sind wesentlich vorsichtiger und dezenter geworden. Das natürliche Licht der Kerze entspricht mehr dem Vorgang des Suchens in unbewußten Schichten. Stufe für Stufe muß man hinuntersteigen. Die Treppe hat kein Geländer. Hier wird uns das Risiko angedeutet. Es geht tiefer hinunter als im vorhergehenden Traum. Der Träumer bekommt mehr Kontakt mit dem Unbewußten: Im Niederschlag der Feuchtigkeit macht sich die Nähe des Wassers als Symbol des Unbewußten bemerkbar. Der Mann muß die Kerze selbst tragen. Damit hat er die Richtung und Dosierung der Ausleuchtung in der Hand. Er muß die Begegnung mit den Kräften in diesen Schichten aushalten können. Angst macht sich bemerkbar. Da steht nicht mehr totes Gerümpel, wie im ersten Traum angenommen. Jetzt wird es lebendig im Unbewußten. Wenn die Verdrängungen abgebaut werden, melden sich die Triebkräfte in Gestalt der Tiere bis zur Größe und Stärke eines Bären.

Die Kerze als Vermittlerin des Lichts und damit der Erleuchtung hat im Mythos und Kultus ihren festen Platz. Im christlichen wie jüdischen Kulturkreis ist das Licht der Kerzen Voraussetzung zur kultischen Handlung. Der Maler Chagall, der intuitiv Symbole in seine Bilder einbringt, zeigt immer wieder den Leuchter als Träger der Kerzen. Das ewige Licht ist in der katholischen Kirche der Hinweis auf die Anwesenheit Gottes. Im buddhistischen Tempel laden die Butterlampen zur Meditation und darüber zum Weg zur Erleuchtung. So versucht auch der Analysand mehr Licht in sein Unbewußtes zu bringen.

Oft enthalten die ersten Träume bei Beginn einer Analyse eine Art Hinführung auf den Ablauf in zusammengefaßter Form. In der Terminologie der Analytischen Psychologie nennt man sie Initialträume. Sie können die Problematik des Träumers und auch die Möglichkeit einer Lösung und Entwicklung aufzeigen. In den letzten beiden Träumen war in dem Bestreben, Licht in den Keller zu bringen und das Gerümpel zu sortieren, ein Entwurf für den ersten Teil angedeutet. Alten Ballast zu entfernen, Platz und Ordnung zu schaffen, damit Neues entstehen kann, ist oft die erste Aufgabe. Eine Frau meldete sich am Fernsprecher an und bat um einen Termin. Auf meine Frage, warum sie sich mit ihrem eigenen Innern auseinandersetzen wolle, erzählte sie mir folgenden Traum: „Ich habe geträumt, daß in meiner Wohnung einige Leichen herumliegen. Diese soll ich beseitigen. Da ich glaube, daß ich dies nicht allein bewerkstelligen kann, suche ich dazu Hilfe.“

Eine andere Frau brachte zur ersten Sitzung einen Traum mit, den sie in der Zeit zwischen ihrer Anmeldung und dem ersten Termin gehabt hatte. Sie begann ihre Analyse ungefähr gleichzeitig mit ihrem Studium: „Ich komme in mein Zimmer im Studentenwohnheim. Dort schlage ich die Decke meines Bettes zurück. Darin liegt eine Frau.“ Es handelt sich um eine „ausgewachsene“ Frau, wie die Analysandin bei der Schilderung ihres Traumes bemerkt. Sie selbst kam aus einer Familie, in der nur die Männer etwas wert waren. Der Vater und ihre drei Brüder dominierten. Sie hatte als jüngstes Kind einen schweren Stand. Auch die Mutter ließ nur Männer gelten, da sie selbst von Kindheit her ein Junge sein sollte als Ersatz für den verstorbenen Bruder. Ihr Unbewußtes zeigt dieser jungen Frau im Traumbild den Entwurf ihrer eigenen Entwicklung auf. Sie soll eine Frau werden.

Das Thema, sich zur Frau zu entwickeln und sich aus den kindlichen Fixierungen zu befreien, wiederholt sich im Initialtraum einer 38jährigen Frau: „Ich liege im Bett und sehe über mir Gitterstäbe. In einem Käfig oder Gitterbett liegt schräg nach oben eine Frau. Sie ist mit einem langen weißen Hemd bekleidet. In der einen Hand hält sie eine Milchflasche, aus der sie trinkt, mit der andern reicht sie mir einen Schlüssel durch die Stäbe hindurch. Als ich den Schlüssel sehe, erschrecke ich. Zwar möchte ich die Frau aus ihrer Qual befreien, doch muß ich vorher eine ältere Frau um Erlaubnis fragen. Beim Erwachen bin ich zutiefst erschüttert, da ich mich in der Frau erkenne."

Im Traum ist es möglich, daß diese Frau sich selbst im wirklichen Lebensalter und gleichzeitig in kindlicher Form im weißen Hemd und aus der Milchflasche trinkend sieht. Es wird ihr bewußt, daß sie in ihrer Kindheit durch die beherrschende Mutter eingeengt und wie im Käfig gehalten wurde. Dieser unentwikkelte kindliche Teil in ihr reicht ihr selbst nun den Schlüssel, mit dem ihr Gefängnis aufgeschlossen werden kann. Über diese Aufforderung erschrickt die Träumerin zunächst. Sie muß vorher um Erlaubnis dazu fragen. Der Träumerin fällt dazu ein, daß dies ihrer Mutter gegenüber so üblich war. Die Ausstrahlung der negativen Einflüsse der Mutter wird noch so stark empfunden, daß die Träumerin sie nicht persönlich in das Bild bringt, sondern nur irgendwo als ältere Frau existieren läßt. Die Aufgabe zur Ablösung von der Mutter und zur Verselbständigung ist damit formuliert. Diese Frau muß sich mit ihrer Mutter auseinandersetzen und die in ihr kindhaft gebliebenen Kräfte nachentwickeln. Durch die Fehlhaltungen, Abhängigkeiten und Unselbständigkeiten war die Patientin auch körperlich erkrankt. Um gesund zu werden und zu einer Frau ihres Lebensalters heranzuwachsen, bedarf es der Befreiung aus dem Kinderbett mit Gitterstäben.

Aufforderung zur Selbstbefreiung steht als Überschrift auch über der nächsten Traumfolge. „Ich befinde mich in einem unterirdischen Gewölbe wie in einem Gefängnis. Es erinnert mich an einen U-Bahn-Schacht. Auch andere Menschen sind dort unten, schmutzige Gestalten. Ich will nach oben. Dort ist der Ausgang. Er war schon immer da. Ich habe es nur nicht gewußt. Nun gehe ich hinaus. Dabei sage ich zu einer Frau neben mir, daß es verhältnismäßig einfach sei, in New York ohne Papiere unterzutauchen." Die Analysandin hat sich ohne ersichtlichen Grund in einem unterirdischen Gefängnis aufgehalten, obwohl der Weg in die Freiheit und in das Licht ihr offensteht. Nun wird ihr bewußt, daß sie auf dieser Stufe nicht länger bleiben will. Ihre Identität hat sie noch nicht gefunden, wie die fehlenden Ausweispapiere aussagen. Daher will sie in der Hauptstadt der neuen Welt zunächst untertauchen.

Der Wunsch nach Aufbruch und Veränderung setzt sich in der nächsten Nacht fort. Die Träumerin muß umziehen. Zuvor geht sie in ihre Wohnung und probiert all ihre Kleider an, findet jedoch keines, das ihr gefällt. Der Versuch, über die äußere Darstellung mittels der seitherigen Kleider wenigstens eine gewisse Form für sich selbst zu finden, scheitert. Im nächsten Traum leiht ihr jemand eine Mütze. Diese gefällt ihr. Aber auch hier hat sie noch Schwierigkeiten beim Anprobieren. Ihre Freundin zeigt ihr, wie sie die Mütze tragen könnte, indem sie diese aufsetzt. Der Freundin steht die Mütze gut, doch der Träumerin bleibt sie fremd. Sie wird im weiteren Verlauf ihrer Entwicklung ihre eigene Mütze, ihre neuen Kleider und ihre Identität finden müssen. Das sagt ihr die Anfangsserie ihrer Träume.

Im Gegensatz zu dieser an der äußeren Form dargestellten Entwicklung zur Identitätsfindung wird diese Aufgabe vom Unbewußten eines Mannes im inneren Bereich gesehen. Nach der dritten Analysesitzung träumt er, daß die Bibel umgeschrieben werden müsse. Das Buch der Bücher wurde ihm in seiner Kindheit und Jugend als Fassung starrer Prinzipien und Verhaltensregeln nahegebracht, die ihm für seine persönliche Entfaltung nur Verbote lieferte. Nun geht es darum, daß er das kindlich übernommene System kritisch prüft und sich dem Dargebotenen in eigener Begegnung stellt.

Wir sehen schon bei der Aufforderung durch den Traum, daß das Unbewußte Spielraum läßt für die Entscheidung, ob und wann man den Vorschlag aufnehmen und verwirklichen will. Die Ablehnung kann bereits im ersten Gespräch sichtbar werden, wenn der Analysand bei dem Hinweis, er solle auf seine Träume achten und sie schriftlich festhalten, erwidert, er träume nicht, weil er der Ansicht sei, daß man besser schlafe, wenn man nicht träume. Hier wird eine rationale Begründung für die ablehnende Haltung versucht, damit man sich nicht mit den in das Bewußtsein kommenden Inhalten und Problemen beschäftigen muß. Deshalb hat man sie letzten Endes ja verdrängt. Man sollte jedoch nicht übersehen, daß dieser Widerstand oft auch eine Schutzhaltung ist, da im derzeitigen Zustand nicht die Kraft zur Verfügung steht, diese Probleme zu lösen oder die entsprechenden Entscheidungen zu treffen. Man darf diesen Widerstand und die damit verbundenen Mechanismen nicht nur – wie es meist geschieht und wie es die allgemeinen Formulierungen tun – negativ sehen oder gar bewerten. Auch eine Neurose hat ihren Sinn, da sie dazu verhilft, den Betroffenen in seiner Existenz zu erhalten. Im Bild gesprochen ist sie der Stock, an dem der Mensch immerhin gehen kann. Er hat dann die Chance, in einer besseren Phase seines Lebens die verdrängten Inhalte kommen zu lassen, aufzuarbeiten und damit den Entwicklungsprozeß in Gang zu bringen.

Ähnlich wie im Bild des „Burgfräuleins" überlegt sich eine Frau, ob und wie sie sich mit der Schlange auseinandersetzen soll: „Ich bin unterwegs. Auf dem Weg befinden sich viele Schlangen. Ich versuche, ihnen immer schnell auszuweichen. Meistens gelingt es mir. Wenn die Schlange zu schnell auf mich zukommt, greife ich sie am Kopf und würge sie, daß sie mir nicht mehr schaden kann. Wo ich gehe, ist viel Grün. Es ist mir in dieser Gegend zu gefährlich. Daher beschließe ich, in ein Hochhaus zu gehen, da es dort keine Schlangen gibt." Die Flucht in das Hochhaus führt, wie sein Name sagt, weg vom Boden, weg vom Erdhaften, weg vom Grün der Vegetation und damit weg von der Schlange und vom Leben. In dieser rational orientierten Umgebung von Beton und Stahl kann man sich der Schlange entziehen. Dies macht das Traumbild dieser Frau klar.

Sie muß dann entscheiden, ob es dabei bleiben soll oder ob sie ihre Angst überwindet und die Begegnung mit dem Leben wagt.

Bei einer anderen Analysandin machte sich der Widerstand dadurch bemerkbar, daß sie nur sehr wenige Träume hatte. An die andern konnte sie sich nicht erinnern und sie nicht formulieren. Ihre Angst war so groß, daß eine sinnvolle analytische Arbeit so nicht möglich war. Nach Abbruch der Analyse erzählte diese Frau einem Mitglied der Gruppe, das sie gelegentlich auf der Straße traf: „Seit ich nicht mehr in der Gruppe bin, träume ich jede Nacht Bände." Nun konnte sie die Träume kommen lassen, da sie nicht mehr unter dem Druck stand, diese auch bearbeiten zu müssen und aus den gewonnenen Erkenntnissen Entscheidungen und Veränderungen in ihrem Leben zu treffen.

Eine 35jährige Frau erlebt den Beginn ihrer Analyse im Traum folgendermaßen: „Ich fahre mit dem Analytiker zum Stadion. Er chauffiert, ich sitze auf dem Beifahrersitz und fühle mich recht wohl. Wir benützen einen speziellen Eingang, den der Analytiker weiß und zu dem er den Schlüssel hat. Nach diesem Tor muß man durch einen dunklen Gang. Man müßte sich bücken oder durchkriechen. Ich zögere und bleibe zunächst stehen." Diese Frau, die in ihrem Leben wenig Hilfe und Zuwendung von Männern erfahren hat, eher mißbraucht und ausgenützt wurde, fühlt sich durch den Analytiker angenommen. Sie vertraut darauf, daß dieser weiß, wohin die Fahrt geht, und setzt auch voraus, daß er einen Zugang zum Stadion als Ort des Geschehens kennt und den Schlüssel dazu besitzt. Die Träumerin zögert jedoch in dem Moment, da sie selbst den Durchgang zum Innern des Stadions gehen soll. Es fehlt ihr noch an Mut, die in der Arena zu erwartende Vorführung zu verfolgen oder sich selbst am Spiel aktiv zu beteiligen. Nun muß sie sich entschließen, die Szenen anzusehen und vielleicht sogar mitzuspielen.

Dieses Nicht-sehen-Wollen der Ereignisse wird einer Träumerin recht anschaulich klar gemacht: Sie ist im Kino. Ein Film wird vorgeführt. Sie sitzt jedoch in ihrem Sessel mit Blick nach hinten, so daß sie die Vorgänge auf der Leinwand nicht sehen kann. Die Bühne des Theaters oder die Leinwand des Kinos verstehen wir leicht als Ort der Darstellung unseres Lebens. Natürlich wird uns von unserem Unbewußten im Traum auf der

Leinwand nicht irgendein Film gezeigt, sondern Ausschnitte, die uns etwas aufzeigen sollen. Die Träumerin weigert sich, diese Bilder anzuschauen.

So wie hier das Aufnehmen durch Hinschauen verweigert wird, kann auch das Verstehen der Sprache Schwierigkeiten machen: „Ich bin in einem Amphitheater. Es wird dort eine Oper gespielt, die recht unbekannt ist, dazu in einer Sprache, die ich nicht verstehe. Es ist alles ein wenig unruhig. Viele Leute gehen umher, setzen sich eine Weile und entfernen sich wieder. Ich bin nicht sehr begeistert, weil ich lieber eine Oper gesehen hätte, die mir bekannter gewesen wäre." Abgesehen davon, daß Opern gelegentlich in der Originalsprache aufgeführt werden, sind die Schwierigkeiten beim Verstehen der Träume am Beispiel der Oper gut verständlich zu machen. Es dürfte kaum möglich sein, den Text einer Arie beim ersten und einmaligen Hören voll zu erfassen. So bedarf auch der Träumer einer gewissen Hilfe und Übung, um den Text zu verstehen. „Es ist gut, wenn man Englisch kann, aber noch besser, wenn man Chinesisch versteht", äußert sich das Unbewußte dieser Frau kurz nach dem Traum im Amphitheater und will damit sagen, daß die von uns am häufigsten gebrauchte Fremdsprache zwar einiges verständlich macht, daß man sich jedoch um die Bildersprache des Fernen Ostens, ein Symbol des Unbewußten, bemühen sollte, wenn man die Träume verstehen will.

Weiter kommt man, wenn man statt zuzuhören im Theater selbst auf die Bühne geht. Unsere Träumerin vom Amphitheater erlebt dies später so: „Ich bin Mitglied einer Theatergruppe und muß jemand spielen, der ganz begeistert und naiv ist. Der Regisseur ist zunächst nicht da. Auch finden keine Proben statt. Ich habe mir einen Merkzettel gemacht, den ich in der Hosentasche trage. Einmal vergesse ich meinen Einsatz, hole das Papier heraus, um die Stelle zu suchen, finde sie aber nicht. Ich frage, ob es hier denn keinen Souffleur gäbe. Dann finde ich die Stelle und mache weiter. Als das Spiel aus ist, klatscht niemand, so daß ich gar nicht weiß, ob das wirklich der Schluß war. Nun kommt auch der Regisseur und erklärt, welchen tieferen Sinn der Text gehabt habe. Einzelne Wörter seien Symbole und bedeuteten eine Wandlung von der Jugend zum Erwachsensein oder zum Reiferwerden."

Zwei Aussagen finden wir im Text über die Rolle, welche die Träumerin spielen soll: Begeisterung ist verlangt und Naivität. Begeisterungsfähigkeit setzt voraus, daß man sich aufgeschlossen gibt und im emotionalen Bereich ansprechbar ist. Naivität soll heißen, daß man nicht mit dem Verstand nach Kausalverbindungen sucht und nicht zuviel reflektiert, sondern sich den intuitiven Einfällen öffnet und die Beteiligung der gesamten Persönlichkeit ermöglicht. Beide Haltungen sind gute Voraussetzungen für eine analytische Arbeit. Die nächste Empfindung im Traum besteht in einer allgemeinen Verunsicherung. Da ist niemand, der Regie führt. Es gibt keine Proben und niemand der vorspricht. Man muß zur Verselbständigung kommen. Das Leben findet im Hier und Jetzt statt. Ein kleiner Merkzettel in der Hosentasche ist zur Absicherung noch vorhanden, aber auch er versagt die Hilfe im kritischen Moment. Erst nach dem Spiel interpretiert der Regisseur den Inhalt des Textes. Das Thema des vorgeführten Stückes ist der Entwicklungsprozeß vom Jugendlichen zum Erwachsenen.

Bei der Frage nach der Verständlichkeit der Sprache des Traums ist zu beachten, daß bei gleichem Bild je nach Voraussetzung und Zusammenhang verschiedene Deutungen möglich sind. Vergleichen wir zwei Träume, in denen es darum geht, auf den Berg zu kommen: Vorausgegangen war ein Traumstück, in welchem sich ein Träumer mit seiner Freundin verlobt hatte. Das daraus entstandene Zusammengehörigkeitsgefühl empfand er im Traum so beglückend, daß er dachte, dieses sei durch eine Heirat noch zu steigern. Der Text des Traumes lautet dann weiter: „Ich fahre mit meiner Freundin einen Berg hinauf. Wir kommen zu einer Polizeikontrolle und haben Angst, wegen irgendetwas erwischt zu werden. Wir halten an, werden jedoch weitergewunken. Das geht aber nicht, da ich den Gang aus unersichtlichen Gründen nicht hineinbekomme. Deshalb rollen wir rückwärts den Berg wieder hinunter."

Im Zusammenhang mit Verlobung und Heirat ist das Bild, mit seiner Freundin auf den Berg zu wollen, der Ausdruck der sexuellen Vereinigung, die im Orgasmus gipfeln soll. Das Überich in

Gestalt der Polizisten kontrolliert den Verkehr. Dazu fällt dem Träumer ein, daß er in seiner Kindheit von der kontrollierenden Mutter beim Doktorspiel erwischt worden war. Sexualität ist für ihn von damals her etwas Verbotenes. Die Angst, daß sich ein Ertapptwerden wiederholen könnte, geht in den Traum ein. Als Absicherung hatte der Mann die Legalisierung der Beziehung durch Verlobung und geplante Heirat vorweggenommen. Dennoch ist die Angst aus der frühkindlichen Erfahrung so groß, daß trotz der Einwilligung der Überich-Instanz – sie winkt ja weiterzufahren – der Gipfel nicht erreicht wird.

Ganz anders muß das Bild, auf den Berg zu gehen, bei folgendem Text interpretiert werden: „Ich muß an einem Hang hochklettern. Dies ist sehr schwierig, so daß ich mich sehr anstrengen muß. Auch habe ich dabei Angst, ich könnte in eine dunkle Schlucht abstürzen. Doch komme ich immer besser voran. Schließlich bin ich fast oben und sehe weit in das Land hinaus. Ich kann die ganze Gegend überblicken. Mich überkommt ein Gefühl von Leichtigkeit und Freiheit. Das letzte Stück des Gipfels bleibt noch im Nebel."

Hier ist der Traum, auf den Berg zu kommen, als Bemühen zu verstehen, aus der Tiefe zu größerem Bewußtsein, aus dem Dunkel zum Licht zu gelangen. Der Anfang fällt dem Träumer am schwersten. Die Angst, wieder zurückzufallen, macht sich bemerkbar. Je höher er steigt, desto leichter wird es ihm. Der Überblick reicht immer weiter. Der Horizonterweiterung entspricht auch die größere Bewußtheit. Die Spitze ist noch nicht erreicht, doch schildert der Traum sehr anschaulich die Entwicklung in der analytischen Arbeit. Entsprechend hat dieser Mann sich auch um die Verwirklichung seiner Traumbilder redlich bemüht. Die weiteren Aspekte, die im Symbol des Berges und seiner Besteigung enthalten sein können, werden in einem späteren Zusammenhang aufgegriffen.

Auch das einzelne Symbol kann je nach Zusammenhang im negativen oder im positiven Aspekt gedeutet werden müssen. Der Träumer hat im allgemeinen ein sicheres Gespür in seinem Innern, ob die Interpretation des Textes richtig ist. Mäuse und Ratten werden natürlicherweise als Schädlinge gesehen, welche unsere Vorräte wegfressen und außerdem aggressiv sein können. Angst vor ihnen zu haben und sie abzulehnen, ist die normale Reaktionsform auf ein Erscheinen dieser Tiere. Im folgenden Traum einer Frau haben sie jedoch eine ganz andere Bedeutung: „Ich habe 10 oder 12 kleine weiße Mäuse. Diese stecke ich in ein Gefäß, wie man es zur Aufbewahrung von Vorräten im Kühlschrank verwendet, und verschließe es. Dann gehe ich weg und kümmere mich nicht um die Tiere. Nach einiger Zeit bekomme ich ein ungutes Gefühl, daß ich die Mäuse so vernachlässige. Als ich nach ihnen sehe, sind sie ganz vertrocknet und zusammengerollt. Ich nehme ein Tier heraus. Nachdem ich es gefüttert habe, wächst es sehr schnell und wird eine Ratte. Sie hat ein glattes weißes Fell und läuft im Zimmer umher. Ich kann sie auch auf die Hand nehmen. Dann hole ich ein weiteres Tier aus dem Gefäß und gebe ihm die Flasche. Zu meinem Erstaunen ist es gleich sehr zutraulich. Es macht ein paar Kunststücke. Damit will es mir zeigen, daß ich mich nicht fürchten soll. Dann taucht im Traum noch eine Katze auf. Diese darf sich frei bewegen und aus dem Haus gehen. Ich habe den Eindruck, sie ist die Mutter der Mäuse und Ratten."

Dieser Träumerin wird hier bewußt, daß sie ihre Triebkräfte zunächst als kleine, lästige Nager erlebt, die man am besten in den Kühlschrank packt und dort vergißt. Im Bemühen der analytischen Arbeit wird ihr jedoch klar, daß sie diese Dynamik, die zum Menschen in seiner Leiblichkeit gehört, nicht verkümmern lassen kann. Sie wendet sich ihnen zu, wodurch sie sehr schnell zur nächsten Stufe in Form der Ratte heranwachsen. Damit werden sie größer und auch gefährlicher. Die Analysandin erlebt jedoch die Entwicklung ihrer Triebseite so positiv, daß der sonst übliche negative Aspekt der Ratte völlig zurücktritt. Sie vermag, das nächste Tier herauszunehmen und mit ihrer Zuwendung zu füttern. Dadurch verwandeln sich die Ratten in eine Katze. Die Entwicklung der weiblichen Triebkräfte ist mit diesem Symbol der naturhaften Weiblichkeit zum Abschluß gebracht. Durch die weiße Farbe der Mäuse, welche sich in der Ratte wiederholt, war dieser Hinweis auf die Weiblichkeit schon zu Beginn des Traumes gegeben. Die mütterliche Komponente ist im Schlußsatz des Textes enthalten, wenn die Katze als Mutter der Mäuse und Ratten gesehen wird.

Mit der Frage „Wozu träumen wir?" sprechen wir den Sinn des Träumens direkt an. Das funktionale Geschehen im Traum dient der Verarbeitung von aktuellen oder auch mehr oder weniger weit zurückliegenden Themen und dadurch verursachten Prozessen. Konflikte und Spannungen werden im Traum aufgegriffen und Lösungen mit entsprechender Entspannung angestrebt. Um eine Veränderung von Grund auf zu erreichen, bedarf es der analytischen Deutung, um durch die Bewußtmachung eine psychische Zuwendung zu erreichen. Nur dadurch können Fixierungen und Fehlhaltungen aufgelöst werden.

Der Traum liefert für diese durch gezieltes analytisches Vorgehen zu erreichende Bewußtmachung durch seine entscheidenden Mitteilungen die notwendige Voraussetzung. Es ist für Menschen, die sich bisher mit den Träumen und dem Unbewußten nicht befaßt haben und damit auch keine Aufnahmefähigkeit dafür entwickelt haben, überraschend zu erkennen, daß ihr Unbewußtes mehr über ihr Verhalten und ihre Motivationen aussagen kann, als das ihnen seither zugängliche Bewußtsein an Selbsterkenntnis vermittelte.

In einer Folge von Träumen innerhalb weniger Wochen verarbeitete ein Mann Eindrücke und Erlebnisse aus seiner Praxis als Tierarzt. Er sah sich in diesen Szenen immer wieder mit den Risiken und Problemen seiner Tätigkeit am lebenden Tier konfrontiert. Dabei kann vorausgeschickt werden, daß dieser Mann von seinem fachlichen Können her ein weit über seinen örtlichen Bereich hinaus anerkannter Tierarzt ist. Alle Einfälle zu dieser Serie lassen erkennen, daß es sich um Träume handelt, die auf der Objektstufe gedeutet werden müssen. Darunter verstehen wir im Gegensatz zur Deutung auf der Subjektstufe, daß die Symbole und Traumteile einen objektiven, in der realen Außenwelt verankerten Bezugspunkt und damit eine konkrete Beziehung mit der Außenwelt haben und nicht als Bestandteile der eigenen Innenwelt zu verstehen sind.

Die Traumserie beginnt zunächst recht behutsam mit örtlicher und zeitlicher Distanz aus dem Alltag: „In Frankreich besuche ich während meines Urlaubs einen Reitstall. Der dortige Reitlehrer fordert mich auf, mir einen Hengst anzusehen, der lahmt. Ich gehe zu dem Pferd in die Box und untersuche es.

Während ich das linke Vorderbein beuge und strecke, habe ich plötzlich die ganze Zehe vom Fesselgelenk an abgerissen und lose in der Hand. Entsetzt ob diesem Mißgeschick blicke ich mich scheu um. Aber niemand hat etwas bemerkt. Ich stecke das Bein wieder zusammen. Es hält. Nur ganz feine Nähte an der Haut lassen noch auf die Abtrennung schließen. Das Pferd wird aus der Box geführt. Es lahmt nicht mehr. Ich starre aber immer wie gebannt auf die feine Nahtlinie am Fesselkopf."

Der nächste Traum spielt dann in der eigenen Praxis: „Ich soll bei einem Hund eine Fettgeschwulst hinter dem Augapfel operieren. Dabei fällt das Auge heraus. Ich lege es wieder in die Augenhöhle. Darauf fällt der ganze Kopf vom Hund ab. Das Gehirn hängt aber noch an der Medulla oblongata. Ich füge beides wieder zusammen und nähe den Kopf an der Haut an. Die Nachkontrolle ergibt später, daß alles in Ordnung ist." In beiden Träumen spürt man das Sich-wundern darüber, daß alles so gut gegangen ist, und das Staunen, was man alles selbst kann und bewirkt. Gleichzeitig werden jedoch auch die Vorstellungen verarbeitet von dem, was hätte passieren können, wobei zu beobachten ist, daß der Traum die Dinge recht deutlich in den Bildern ablaufen läßt und sich nicht dezent mit lateinischen Fachausdrücken begnügt.

Im dritten Traum ist eine Maßnahme in der tierärztlichen Praxis angesprochen, die zwar von der Sache her bewußt bejaht werden kann, aber doch immer als belastend empfunden wird: „Ich soll einen Hund einschläfern. Es gelingt mir nicht sofort. Ich werde unsicher. Der Hund wird allmählich zu einem Pferd. Ich jage kleine Kinder weg. Endlich fällt das Pferd tot um." Während das Tier vom Hund zum Pferd anwächst und die Maßnahme des Tötens dadurch immer größere Formen annimmt, wird in Gestalt der kleinen Kinder das menschliche Angerührtsein des Träumers in das Bild gebracht. Zu dieser Verarbeitung im Traumtext tritt als Einfall des Analysanden hinzu, daß er sich an die Einzelheiten erinnert, wie er während seiner Praktikantenzeit erstmals eine Euthanasie an einem Pferd durchführen mußte.

Die Verarbeitung von Erlebnissen, welche sich in früher Kindheit ereignet haben, kann auch für den Erwachsenen noch

zur Findung seiner selbst sehr nötig sein. Um die folgende Traumserie in ihrer Bedeutung zu erfassen, muß man die wichtigsten Daten der wirklichen Ereignisse vorausschicken: Die jetzt 43jährige Frau war als Kind von 4 Jahren in dem damaligen Wohnort der Familie in Westpreußen in den ersten Tagen des Jahres 1945 mit Diphtherie in das dortige Krankenhaus eingeliefert worden. Am folgenden Tag mußte die Mutter mit dem zweiten Kind mit einem Transport in das Sudetenland flüchten und hatte von da an keine Verbindung mehr mit der kranken Tochter. Der Vater war im Krieg. Die Patienten des Krankenhauses und damit das Kind wurden kurz danach mit einem Eisenbahntransport in die Gegend von Dresden gebracht. Auf dem Transport zog sich das Kind eine Lungenentzündung zu. Nach einigen Wochen erfuhr die Mutter über einen Bekannten, dessen Frau ebenfalls Patientin in dem Krankenhaus war und den Transport mitgemacht hatte, den Ort, wohin die Kranken gebracht worden waren. Sie machte sich auf den Weg und holte das Kind aus dem Krankenhaus ab. Beim Anblick der Mutter habe das Kind gescheut und sie nicht wiedererkannt.

Das schockierende Erlebnis des Verlassenwerdens durch die Mutter, wie sich der Ablauf für das Kind darstellen mußte, war in vorhergehenden Träumen in Form einer Auseinandersetzung mit der Mutter schon vorgekommen, hatte jedoch nicht zur endgültigen Auflösung dieser frühkindlichen Belastung geführt. Erst die im Traum selbst durchgeführte Heimholung des Kindes sicherte die Verarbeitung und Auflösung dieses Traumas. In einer Serie von vier Träumen, die sich über einen Zeitraum von acht Monaten verteilte, wurde das Thema des Aufsuchens und Rückholens ihrer selbst in stufenweiser Steigerung durchlebt.

Im ersten Traum kommt die Analysandin bis vor das Krankenhaus: „Ich überlasse einem Kollegen meine Klasse in unserer Schule, weil ich dringend ein kleines Mädchen im Krankenhaus besuchen muß. Ich weiß im Traum, daß ich selbst das Mädchen bin. In großer Unruhe und Eile laufe ich durch eine riesige Bahnhofshalle, an deren Ausgang Soldaten stehen. Als ich vor dem Eingang des Krankenhauses ankomme, erwache ich."

Eine bewußte Erinnerung an den Ablauf der Ereignisse besteht zunächst nicht. Die Frau kennt diese aus den Erzählungen der Mutter. In die Traumbilder der Serie gehen einzelne Eindrücke des wirklichen Ablaufs ein. In diesem Traum sind es die Eile, die Bahnhofshalle und die Soldaten. Im folgenden ist das Verlassenwerden und die Lungenentzündung eingebracht. Das Kernerlebnis der Verlassenheit wird an einem adoptierten, also „angenommenen" Kind zunächst distanziert bei einer Bekannten geträumt. Nur zögernd und heimlich traut sich die Träumerin selbst an den Kinderwagen: „Eine Bekannte hat ein kleines Mädchen adoptiert. Als sie es allein läßt, gehe ich zum Kinderwagen und schaue heimlich nach dem Kind. Ich stelle fest, daß das Kind Lungenentzündung hat."

Im dritten Traum bringt die Träumerin das Kind selbst zur Welt: „Ich habe ein kleines Mädchen geboren. Meine Schwester frägt am Fernsprecher nach dem Namen des Kindes. Ich arbeite gerade in der Küche unseres jetzigen Hauses. Es ist, als würde mich der Anruf von Grund auf an das Kind erinnern. Ich gehe aus der Küche heraus zu meinem Mann, der in einem Sessel im Wohnzimmer sitzt, knie mich neben ihn und sage ihm, es sei nun höchste Zeit, daß wir das Kind aus dem Krankenhaus zu uns holen."

Nun ist der Prozeß der Verarbeitung so weit fortgeschritten, daß die Analysandin es verkraftet, das Erlebnis in ihre eigene Gegenwart hineinzunehmen. Sie steht in der Küche des heutigen Hauses. Das Mädchen ist eindeutig ihr Kind. Sie hat es geboren. Der Anruf mit der Frage nach dem Namen unterstreicht die persönliche Existenz. „Gott der Herr rief sie beim Namen, daß sie all' ins Leben kamen", heißt es in dem bekannten Kinderlied. Die Träumerin geht zu ihrem Partner und vergewissert sich seiner Unterstützung. Er hat während der Aufarbeitung dieses traumatischen Erlebens eine wesentliche Hilfestellung geleistet. Nun soll er auch bei der Rückholung aus dem Krankenhaus beteiligt sein.

Der abschließende Traum bringt für diese Frau die Annahme ihrer selbst, so wie sie ist: „Ich halte ein kleines Mädchen auf dem Arm. Ich schaue es an, finde es nicht gerade hübsch, aber ich mag es. Ich gehe zu meinem Mann, lege es in seine Arme und denke dabei, ob es ihm wohl gefallen werde. Aber eigentlich kann mich diese Frage gar nicht beunruhigen." In diesem Stadium ist keine Kompensation und Erwartungsanpassung mehr notwendig. Nach der Verarbeitung in den verschiedenen Stufen über besuchen – adoptieren – zur Welt bringen bis zur Entwicklung in Form von sich heimholen und sich annehmen kann diese Frau nun in ihrem So-sein leben.

Neben der Verarbeitung bedient sich das Unbewußte des Traums, um seine regulierende Funktion zur Wirkung zu bringen. Schon im äußeren Ablauf sorgt es für den Ausgleich, indem es die Menge der im Traum aufsteigenden Aussagen regelt. Wenn durch starke Beanspruchung im Beruf oder im häuslichen Alltag die Kräfte zur Bearbeitung nicht zur Verfügung stehen, kann man sich an seine Träume kaum erinnern. Auch während der Analyse werden die Träume weniger, wenn zu viele noch nicht aufgearbeitet sind. Bei Unterbrechung durch Urlaub kann das Träumen auch versiegen, so daß die Frage vor dem Urlaub „Was mache ich mit den vielen Träumen, die in den drei Wochen anfallen werden?“ aus der Erfahrung leicht mit dem Hinweis beantwortet werden kann: „Warten Sie nur ab! Das regelt sich von selbst.“ So verläuft es dann auch. Dabei kann man zum Trost für den „pflichtbewußten“ Träumer hinzufügen, daß im Unbewußten – wie oben schon erwähnt – nichts verlorengehen kann und daß Themen und Probleme, welche jetzt vielleicht durch eine Unterbrechung nicht sofort erfaßt werden, später im Traum auftauchen werden.

Ein Analysand hat dies im Traumbild so erlebt: Er befindet sich in einem flachen Boot auf dem Wasser. Das Boot ist hinten offen. Man kann von da aus leicht in das Wasser, muß aber nicht. Das Bild will sagen, daß man sich in diesem Boot auf der Ebene zwischen Bewußtem und Unbewußtem bewegt. Von dieser Grenzzone aus kann man in das Element des Unbewußten, das Wasser, eintauchen oder nicht. Dementsprechend wird man mehr oder weniger davon berührt werden.

Außer der Regulierung des äußeren Verlaufs wirkt das Unbewußte auch im Inhalt der Träume auf einen Ausgleich innerhalb der Persönlichkeit des Träumenden hin. Eine einseitige Lebensweise zum Beispiel soll durch Umstellung und Ergänzung in ein gesundes Gleichgewicht gebracht werden. Der Ansatz dazu findet sich häufig bei Beginn der zweiten Lebenshälfte, wenn man sich bewußt wird, daß die persönliche Entwicklung bis dahin nur Erfolge im äußeren Status von Beruf, Heirat und Besitz gebracht hat, während die Sinngebung und Werterfüllung nicht gesucht wurde. In diesem Zeitpunkt empfindet man nochmals deutlich die Chance zu einer Umstellung. So hatte es eine 37jährige Frau im Laufe ihres Lebens zu Geld gebracht, litt jedoch sehr darunter, daß sie damit nichts anfangen konnte und daß sie sonst keinen Inhalt und Sinn in ihr Leben zu bringen vermochte. Sie sieht im Traum ihr Haus mit dem Akzent auf der sehr schönen Fassade. Im Innern ist es dagegen unwohnlich, kalt nach der Temperatur wie nach der Pracht. Da dringen fremde, exotische Menschen in ihr Haus ein. Sie sind von der Einrichtung nicht beeindruckt und gehen sehr frei damit um. Die Eindringlinge sind nicht gewalttätig, doch besetzen sie das Haus und verändern es von Grund auf. Die Gruppe von Männern und Frauen macht es sich gemütlich. Sie unterhalten sich und tanzen.

Während die Analysandin zunächst versuchte, die Fremden abzuwerten und dadurch deren Aussage im Traum zu entkräften, wurde ihr bei näherer Betrachtung immer deutlicher, daß ihr Unbewußtes den Vorschlag machte, diesen Einbruch einer fremden Welt in ihre Einseitigkeit doch einmal zuzulassen. Mit dem Haus war sie selbst gemeint. Das hatte sie längst begriffen. Sie konnte ahnen, daß sie ihr Leben mit Inhalt und Gehalt füllen könnte, wenn sie aus ihrer Einseitigkeit heraustreten und sich mit Menschen und Möglichkeiten befassen würde, die sie in der Fixierung auf ihre materiellen Erfolge seither nicht gesehen hatte. Im Nachsinnen über den Traum erkannte diese Frau Aufgaben in ihrer weiteren Familie und in ihrer Nachbarschaft. Sie ließ es nicht mit dem Nachdenken bewenden, sondern setzte die ihr in das Bewußtsein gebrachte Notwendigkeit der Veränderung durch Handlung und Vollzug in die Tat um.

Ein Mann hatte von Kindheit an erfahren, daß man nur Anerkennung fand und damit Geltung bekam, wenn man Leistungen erbrachte und fleißig war. Er übernahm vom Elternhaus die Haltung, den Tag zu verplanen. Einen „Spielraum" gab es für ihn nicht. Dadurch konnte sich auch seine Gefühlsseite nicht entwickeln. Er lebte lieblos und gemütsarm und schloß sich damit von der Teilhabe an Sinn und Wert selbst aus. Im Traum wird er nun Zuschauer beim Treiben von Menschen. Diese sind mit bunten Gewändern angetan, schwingen Seidentücher, bewegen sich frei, Kinder spielen dazwischen. Es herrscht eine fröhliche Atmosphäre, so daß er im Traum das Bild als ein Milieu von Blumenkindern bezeichnet. Er selbst steht dabei, hölzern, gelähmt, kann nicht mitmachen. Angst überkommt ihn, daß er aus dieser Welt vertrieben wird. Dieser Mann kann die Umstellung aus seiner engen und einseitigen Verhaltensweise auf eine freiere Weltanschauung zunächst noch nicht vollziehen. Er muß manches in sich verändern, bis er dem ausgleichenden Angebot des Unbewußten folgen kann, sich wie diese Menschen im Traum zweckfrei und spielerisch zu bewegen und auch seine Gefühle zu leben.

Auch der nächste Traum ist ein Beispiel dafür, wie das Unbewußte zum Überdenken und Korrigieren der Einseitigkeit auffordert. Im ersten Abschnitt des Traumes geht diese Frau von der Erziehung aus, die ihr selbst im Elternhaus zuteil wurde. Jeder Kontakt zum andern Geschlecht wurde abgelehnt und verboten. So macht sie es als Mutter nun ihrer Tochter gegenüber im Traum auch: „Meine Tochter will zum Treffpunkt mit Spielkameraden gehen. Da es kurz vor Einbruch der Dämmerung ist, verbiete ich ihr dies." Die Gefahr, welche in einer Beziehung zum andern Geschlecht enthalten sein kann, wird überbewertet, so daß es zum völligen Verbot kommt.

Der zweite Teil des Traumes versucht einen Ausgleich anzubieten: „Ich blättere einen Bildband über die Personen unseres Dorfes durch. Zuerst kommen alle Honoratioren: der Bürgermeister, Pfarrer und Lehrer. Zum Schluß sehe ich eine Zigeunerin und auf den nächsten beiden Seiten folgen die Abbildungen von zwei Prostituierten." Der Bildband veranschaulicht, daß die Bewohner eines Dorfes nicht nur aus den durch Amt und Würden im Vordergrund stehenden Amtsträgern bestehen, sondern daß in diese Dorfgemeinschaft auch Personen einbezogen sind, die weniger gern gesehen, meist sogar verdrängt werden. Die weiblichen Vertreter in diesem Bildband in Gestalt der Zigeunerin und der beiden Prostituierten sind ganz am Schluß eingereiht.

Entsprechend ihrer Erziehung im Elternhaus hatte diese Frau

im bisherigen Leben nur die Honoratioren und die geachteten Bürger ihrer Umgebung gesehen. In ihrem Bildband im Traum gehören jedoch zu der Dorfgemeinschaft auch Menschen, mit denen man weniger gern zu tun hat. Das ungebundene Leben der Zigeuner und die in den Prostituierten ausgedrückte freie Sexualität wurde im Elternhaus völlig tabuisiert. Die Analysandin erinnert sich, daß sie bei jeder Abweichung von der durch die Eltern gesetzten Norm Schuldgefühle bekam. Für sie ist der Drang nach Freiheit und das Verlangen nach Sexualität durch die Abwertung durch die Eltern belastet. Das Unbewußte versucht nun eine Korrektur anzubieten. Indem es die kritischen Personen in dem Bildband in die Gemeinschaft einbezieht, macht es der Träumerin klar, daß auch sie die von den Eltern nicht angenommenen Kräfte in sich erkennen und sich ihnen stellen muß. Sie soll einen Ausgleich schaffen und prüfen, ob sie nicht wie in dem Bildband die in der Zigeunerin ausgedrückte Vitalität in ihre Persönlichkeit einbeziehen und auch eine Verbindung zum Männlichen herstellen könnte, ohne sich dann noch mit dem Vorwurf der Preisgabe ihrer selbst zu belasten.

Der regulierenden Wirkung, wie wir sie in den letzten Träumen kennengelernt haben, kommt die Tätigkeit des Unbewußten sehr nahe, wenn es das Erleben der Wirklichkeit aus einer allzu subjektiven Betrachtungsweise korrigiert, realitätsbezogen darstellt und dadurch zurechtrückt. Eine Frau träumte, ihre Mutter gibt ihr Schokolade. Da sie die Schokolade nicht sofort in den Mund nimmt, verschmiert sie sich am Ausschnitt ihrer Bluse. Beim Abwaschen der Flecken stellt sich heraus, daß es gar keine Schokolade, sondern Kot war, was ihr die Mutter gegeben hatte.

Solange die Analysandin schluckt, was die Mutter ihr anbietet, geht es ihr ein wie Schokolade. Sobald sie aber die Gabe nicht stillschweigend in den Mund nimmt, sondern kritisch betrachtet, stellt sich heraus, daß das, was die Mutter ihr eingibt, Mist ist. Die Sprache des Traumes läßt hier an Deutlichkeit nichts zu wünschen übrig. Mit diesem Traum will das Unbewußte den Blick für die Klärung der Rolle, welche die Mutter für diese Frau gespielt hat, schärfen. Die Empfindungsfunktion ist von den vier Grundfunktionen am besten geeignet, eine gute

Realitätsanpassung zu vermitteln. Mit ihrer Hilfe wird die Frau erkennen, daß das Verhalten der Mutter gar nicht so vorteilhaft für die Tochter, sondern vielmehr in egozentrischer Weise auf die Mutter selbst hin ausgerichtet war. Da die Tochter von früher Kindheit an sehr mutterbezogen aufgewachsen ist und sich nur wenig verselbständigen konnte, fällt es ihr auch jetzt schwer, die von ihrem eigenen Unbewußten so deutlich angebotene Korrektur zur bewußten Erkenntnis werden zu lassen. In diesem Stadium ihrer Entwicklung kann sie sich von der Mutter noch nicht distanzieren. Die kritische Stellungnahme zur Person ihrer Mutter verkraftet sie nicht in diesem Maß. Sie braucht die Mutter. Ihr Ich ist unentwickelt, so daß sie sich zur eigenen Aufwertung über die Identifikation mit dem als stärker erlebten Mutter-Ich einen Ausgleich schafft. Es ist jedoch nach diesem Traum zu erwarten, daß das Unbewußte ihr in weiteren Bildern dazu verhelfen wird, die Wirklichkeit realistisch zu sehen.

Wie das Unbewußte an der aktuellen Realität teilhat und wie man auch in kleinen Dingen des Alltags seine Hilfe erleben kann, soll folgendes Beispiel aufzeigen. Wenn in einer Situation eine Lösung gefunden werden mußte, galt in unserer Familie das geflügelte Wort: „Da mußt Du Dir eben etwas einfallen lassen!" Eine unserer Töchter war bei einer Malerin zu einem Künstlerfest eingeladen. Sie suchte daher ein kleines Geschenk zum Mitbringen, das dem Milieu der Gastgeberin entsprechen und etwas Originelles sein sollte. Soweit waren die Überlegungen im Bewußtsein gekommen. Da bot sich die Lösung im Schlaf: „Wir sind eingeladen und überlegen uns, was wir mitbringen könnten. Ich habe die Idee, aus verschiedenen Pinseln einen Strauß zu machen und mit Schleifchen zu versehen." Wie geträumt, so getan. Der Strauß wurde aus Pinseln gesteckt, mit bunten Bändern und Schleifen verbunden, durch Schleierkraut ergänzt und so überreicht. Eine Kleinigkeit an Hilfe aus dem Unbewußten – gewiß. Auch der Alltag ist durch den Kontakt mit dem Unbewußten nicht nur leichter zu bewältigen, sondern auch zu bereichern.

So wie wir die Einfallstätigkeit des Unbewußten als Hilfe gern in Anspruch nehmen, kann man auch die Wirkung jeder Traumaussage dadurch fördern, daß man sie nachklingen läßt. Dabei ist es immer richtig und notwendig, auf das Bild selbst zurückzugehen, also nicht sich intellektuell mit der Sache zu beschäftigen, da durch zu weit gehende Abstraktion das Bildhafte aufgelöst wird. Das Umformen vom Bild zum Text – wie wir es eingangs gesehen haben – ist förderlich, um den Inhalt voll in die bewußten Schichten zu heben und um ihn dort festhalten zu können. Ein schriftliches Fixieren vertieft diese Wirkung und macht es möglich, den Traum auch noch nach Tagen zu durchleben, zu erweitern und an den Problemen zu arbeiten. Als Mittel zur Vertiefung hat sich in Analysen sehr bewährt, die Träume zu malen. Man kann dies jeweils für besonders wichtige, beeindruckende oder problematische Träume vorschlagen. Aber auch durch regelmäßiges zusätzliches Malen der Traumbilder gewinnt eine länger währende Analyse sehr an Intensität.

Damit sind wir mitten in der Erfahrung der Möglichkeiten, wie die Beschäftigung mit dem Symbol hilfreich und förderlich wird. Was im Traum aus dem Unbewußten auftaucht, sind Bilder von Symbolen. Das Symbol stellt sich für uns im Bild dar. Das ist die eine Aussage, welche für das Wesen des Symbols zutrifft. Die zweite wesentliche Aussage, von der wir eben sprechen, ist die energetische Ausstrahlung des Symbols. Dadurch wird immer etwas bewirkt, wenn wir mit dem Symbol leben. In meiner Sprache würde ich formulieren, „wenn man es kultiviert". Die Haltung, die dieses Zeitwort einschließt, scheint mir die beste Voraussetzung für den Umgang mit Symbolen. Der Bogen der Anwendung dieses Wortes reicht vom Ackerbau bis zum religiösen Ritual. Sie erfordert die Bereitschaft zum persönlichen Einsatz und beinhaltet das Staunen über das aus überpersönlichen Bereichen bewirkte Gelingen. Wenn wir im Gleichgewicht sind zwischen Innen und Außen, zwischen Unbewußtem und Bewußtem gelingt uns, was wir tun. Dann leben wir, was wir sein sollen.

Mit dem Erscheinen des Symbols wird etwas sichtbar, was vorher unsichtbar war. Wir heben durch den Traum und seine Deutung unbewußte Inhalte in das Bewußtsein. Vorhanden sind sie so oder so, nur werden sie durch diese Beschäftigung für uns zugänglich. Nach der Veröffentlichung meines Buches „Das Geheimnis der Schlange" bekam ich immer wieder Berichte von Lesern, die durch den Umgang mit dem Schlangensymbol selbst Träume über die Schlange hatten, welche die Problematik des Träumers ansprachen und zur Bewußtwerdung drängten.

Wenn wir das Symbol zu definieren versuchen, kann dies sicher nicht in exakter naturwissenschaftlicher Form erfolgen. Nach der Ausdrucksweise von C. G. Jung ist es nicht beweisbar, doch in seiner Wirkung erfahrbar. Das Symbol ist die Verdichtung und Kristallisation unzähliger menschlicher Erlebnisse und Erfahrungen. Diese werden jedem Menschen als Vorstellungsmöglichkeiten mit auf den Weg gegeben. Im Schlaf und Traum erleben wir unsere Fähigkeit, Symbole sichtbar werden zu lassen. Das Symbolverständnis ist dem intellektualisierten Menschen unseres Kulturkreises in seinem Erwachsenenbewußtsein abhanden gekommen. Es bedarf einer neuen Sensibilisierung und Übung, sich dem Aufforderungscharakter, den die Erscheinungen des Symbols in den Träumen ausstrahlen, zu öffnen. Symbole steigen auf und sinken ab. Jedes Symbol ist im Grunde Wandlungssymbol. Durch Beschäftigung mit ihm werden, wie wir sahen, Inhalte in das Bewußtsein gehoben, integriert und bewirken damit eine Veränderung in uns.

Die Fülle und Vielfalt der Symbole darf man sich nicht als eine ungeordnete Ansammlung von Menschheitserfahrungen und Erlebnissen der Wirklichkeit vorstellen. Im Symbol ist nicht nur der Reichtum der Erlebnismöglichkeiten des Menschen aufgezeigt, sondern darüber hinaus auch etwas von der Struktur, wie wir die Welt erfassen. Das Symbol beinhaltet immer die Gegensätzlichkeit alles Seienden. So deutet das Symbol des Weiblichen in sich schon auf das Symbol des Männlichen als sein Gegensatz und damit seine Ergänzung zum Ganzheitlichen hin. Symbole stehen in Bezug zueinander. Gerade dadurch ist auch ihre Dynamik zu verstehen, weil sie sich wie Kraftfelder überdecken und potenzieren. Die Hinführung zur Ergänzung und die im Symbol immanente und wirksame Zusammenführung gibt die Möglichkeit, die Ganzheit alles Seienden und eine kosmische Ordnung zu ahnen. Wenn wir diese Ordnung erfahren, können wir auch erfassen, daß hinter dem Symbol ein Sinngehalt steht. Damit ist das Symbol und der Umgang mit ihm „sinnvoll“.

Nach dieser Zusammenfassung über das Hintergründige im Symbol gehen wir zurück zu praktischer Darstellung in einzelnen Beispielen. Während die allgemeine Einführung in die Traumsprache in diesem vorliegenden Abschnitt die Voraussetzungen zum Verständnis des Traums und seiner Deutung schafft, werden wir in den folgenden Teilen des Buchs dem einzelnen Symbol in Gruppen, welche sich um ein jeweiliges Thema ansiedeln, nachgehen. Die Aufreihung der Gruppen orientiert sich an der Entwicklung, wie sie für das Einzelleben und auch für die allgemeine Weltanschauung gilt. Sie beginnt mit Ursprung und Geburt, führt über Wachstum und Entfaltung weiter zu Ablösung und Abgrenzung. Aufbau und Strukturierung nehmen den Mittelteil ein. Über die Dynamik der Triebsymbole und deren Konflikte kommt es dann zu einer Reifung in verschiedenen Formen. Es mag für den einzelnen Leser reizvoll sein, an Hand seiner Träume festzustellen, womit er sich innerlich gerade beschäftigt und welcher Problemkreis oder Konflikt in ihm Spannungen verursacht.

B

DEUTUNG VON SYMBOLGRUPPEN

Ursprung und Geburt

Die Frage nach dem Woher haben menschliche Vorstellung und Schöpfungsmythen gemeinsam. In ihnen wird für die Entstehung des Kosmos wie des Menschen ein Ursprung angenommen. Deshalb ist es nicht verwunderlich, daß sich der Mensch auf der Suche nach dem Woher und Wohin mit diesem Ausgangspunkt in seinen Vorstellungen beschäftigt und sich davon ein Bild zu machen versucht.

Das Bedürfnis, den Ursprung seines Daseins zu ergründen, entsteht oft bei Beginn einer analytischen Selbsterfahrung. Natürlich stößt man schon bei der Formulierung und Bearbeitung des Lebenslaufs darauf. Darüber hinaus kommt der Wunsch auf, seinen Geburtsort und die Stätten seiner Kindheit aufzusuchen. Eine Frau ruft im Traum den Ort an, wo sie geboren wurde. Sie will sich dort nach ihren Eltern erkundigen oder mindestens erfahren, ob ihr jemand über diese etwas sagen kann. Das Gespräch bricht immer wieder ab. Zum Schluß bleibt die Leitung tot. Diesem Geschehen im Traum entspricht die Wirklichkeit: Es handelt sich um einen Menschen, der sich kaum an Erinnerungen der frühen Kindheit herantasten kann. In diesen Jahren liegen vermutlich Erlebnisse und Erfahrungen, vielleicht auch Traumen, welche die Erinnerung belasten und erschweren, weil schon frühzeitig eine Verdrängung einsetzte. Es sind keine Bilder vorhanden und es liegen keine Aussagen darüber vor, wie sich die Mutter oder der Vater dem Kind gegenüber verhalten haben. Das bewußte Nacherleben der eigenen Kindheit ist für die Identitätsfindung von großer Wichtigkeit. Um uns selbst zu verstehen, müssen wir zu unserem Anfang zurückkehren, weil wir von hier die ersten entscheidenden Verhaltensweisen mitbekommen haben. Diese Rückschau läßt uns auch erkennen, welche Reaktionsformen Vater und Mutter vertraten. Deren Haltungen sind für uns von Bedeutung, weil man sie als Leitbild und Richtschnur von den ersten Beziehungspersonen für das eigene Leben übernommen hat. Das Bewußtwerden der frühen Introjektionen, die unser Leben prägen, kann uns wesentliche Korrekturen der eigenen Entwicklung ermöglichen.

Da nach psychologischer Vorstellung wie nach biologischer Erfahrung alles Leben aus dem Wasser kommt, träumt der Mensch seinen Ursprung häufig aus dem Wasser: „Ich schwimme in einem großen Meer und werde von den Wellen an Land getragen. Ich bin viel jünger als in Wirklichkeit. Beim Erwachen denke ich: Das ist wie im Märchen." Dieser Vorgang entspricht dem Zustand und dem Geschehen in den Schöpfungsmythen, wo die Welt ebenfalls aus den Urwassern hervorgeht.

Das Wasser versteht sich als das Symbol des Unbewußten und als tragendes Element für alles Lebendige. Auf diesem Urgrund wird die Schöpfung der Welt und die Geburt des Menschen erst möglich. Die Frage nach der Tragfähigkeit des Grundes wird im Traum immer wieder gestellt. Von einer positiven Antwort darauf hängt viel für den weiteren Verlauf der persönlichen Entwicklung ab. Ein Mann erlebt dies in folgendem Bild: Er sieht ein größeres Schiff mit Containern beladen auf einem breiten Strom wie die Elbe bei Hamburg dahingleiten. Trotz starkem Wellengang liegt das Schiff ruhig auf dem Wasser. Der Träumer empfindet das Wasser als tragendes Element. Das Bild gibt ihm Sicherheit und wirkt beruhigend auf ihn.

Auch im folgenden Traum einer Analysandin geht es in beiden Teilen um die Frage, ob das Wasser trägt: „Ich soll und will in einem Weiher schwimmen. Da ich ihn nicht übersehen kann, habe ich Angst. Das Wasser ist undurchsichtig. Außerdem ist das Tageslicht nicht voll da. Es herrscht Dämmerung. Ich kann im Traum wie auch in Wirklichkeit schwimmen. Doch ist es mir wichtig, immer zu überschauen, wo ich wieder stehen kann. Mein Bruder kommt hinzu and ermutigt mich zum Schwimmen. Im zweiten Teil des Traumes schwimme ich wieder in einem Teich. Danach setze ich mich an das Ufer. Da kommt ein Mann vorbei. Dieser geht am Ufer entlang und zieht ein Boot hinter sich her."

Die Kernfrage in beiden Teilen des Traumes ist, wieweit man sich dem Wasser anvertrauen kann. Die Träumerin wüßte gern, was im Wasser auf sie wartet. Das Unbewußte ist, wie sein Name sagt, dem erkennenden Bewußtsein nicht voll zugänglich. Dies bringt Unsicherheit und Angst. Die männlichen Kräfte der Frau werden aktiviert und kommen helfend dazu. Im ersten Teil spricht der Bruder Mut zu. Im zweiten bietet ein Mann das Boot als Fortbewegungsmittel auf dem Wasser an. Es ist nach der Schilderung der Träumerin von ihm selbst gebaut. Dies spricht für die Tüchtigkeit des Mannes. Mit seiner Unterstützung wäre die Tragfähigkeit des Lebensgrundes für diese Frau leichter zu erproben.

Eine Analysandin sieht sich im Traum im Wasser schwimmen. Um sie herum schwimmen überall Maultaschen. Sie fühlt sich sehr wohl in dieser Situation. Bedenken hat sie nur bei der Überlegung, wie sie zwischen all den Maultaschen aus dem Wasser herauskommen soll. Diese Frau, die sehr gut kocht und nicht ungern ißt, hat zu Maultaschen nur positive Einfälle. Das Getragensein im Wasser zusammen mit dem Angebot, sich durch einfaches Zugreifen ständig sättigen zu können, empfindet sie lustvoll. Schwierigkeiten ahnt sie nur, wenn sie aus diesem Stadium ihrer Entwicklung heraus soll.

In einem anderen Traum vollzieht sich die Geburt aus dem Wasser in dieser Weise: „Ich lebe in einem Haus, das völlig im Wasser steht. Auch die Zimmer sind an Stelle von Luft mit Wasser gefüllt. Darin bewege ich mich und kann von einem in das andere gehen. Ein Mann gibt mir einen Auftrag und ein Seil in die Hand, mit dessen Hilfe ich mich zur Oberfläche des Wassers hocharbeiten soll."

Der junge Mann ist bereit, aus seinem seitherigen mehr embryonalen Zustand aufzutauchen. Dazu bedarf er einer gewissen Hilfe. Es kann die Person des Vaters oder Analytikers sein, wie er in seinen Einfällen dazu angibt. Mit dieser Unterstützung übernimmt er den Auftrag und gelangt mit Hilfe des Leitseils aus dem Wasser heraus. Das Seil als sichernde Hilfe ist ihm von seinen Wanderungen im Hochgebirge geläufig.

Das Herausholen aus dem Wasser kann innerhalb einer Analyse auch für Teile der Persönlichkeit als Aufgabe gestellt sein.

Ein Mann entdeckt in dem Gebiet seiner Heimatstadt, in dem er seine Kindheit und Jugend verbracht hat, im Sumpf die Leiche eines Mädchens. Er weiß schon im Traum, daß dieses Mädchen für ihn sehr wichtig ist. Er gibt sich große Mühe, es an Land zu bringen, wobei er immer wieder in den Morast einbricht. Schließlich gelingt es ihm, das Mädchen herauszuholen. Der Traum kann als Gegenbeispiel für den oben angeführten gelten, in welchem eine Frau beim Schwimmen von ihren männlichen Kräften ermutigt und unterstützt wird. Hier ist umgekehrt ein Mann bemüht, seine weibliche Ergänzung, vor allem seine Gefühlsfunktion, für deren Entwicklung man im Elternhaus während seiner Kindheit nichts getan hat und die daher im Unbewußten wie tot stecken blieb, aus diesem Stadium zu erlösen und in sich lebendig werden zu lassen.

Ein Beispiel, in dem sich die belebende Kraft des Wassers mit dem reinigenden Aspekt verbindet, wird von einem Menschen, der in der Stadt lebt, so geträumt: „Ich gehe durch die Straßen einer großen Stadt. Es herrscht stickige Luft. Ich fühle mich sehr unwohl. Da beginnt es stark zu regnen. Im Rinnstein fließen kleine Bäche. Ich stehe in einem Hauseingang und sehe dem Regen zu. Plötzlich ist alles anders. Die Luft ist rein. Ich fühle mich erfrischt." Der Traum geht zunächst von der Einengung und Verstädterung in der Lebensweise dieses Mannes aus. Wir können nachempfinden, wie belebend und beglückend in einer solch steinernen und staubigen Atmosphäre das Element Wasser in Form eines kräftigen Regens wirkt. In diesem Beispiel ist nicht nur die Lebendigkeit des Wassers und das befruchtende Wirken des Regens angesprochen, sondern auch die reinigende Kraft, die diesem Symbol zuzuordnen ist. Wasser als Mittel zur Erneuerung und Reinigung ist in vielen Riten und Kulthandlungen aller Kulturen enthalten. Das für uns nächstliegende Beispiel im christlichen Bereich ist die Taufe.

Ähnliche Aspekte des Symbols Wasser kreisen um die zentrale Bedeutung, tragendes Element des Lebens zu sein. In der griechischen Mythologie nimmt das Leben für Götter wie Menschen seinen Anfang mit der Vereinigung des Himmels mit der Erde. Hesiod berichtet, daß sich der Himmelsgott Uranos in Form des Regens mit der Erdmutter Gaia vereint und so das Leben zeugt.

Die beiden werden Ureltern der olympischen Götter und der Menschen. Diese Vorstellung taucht auch in der klassischen Zeit bei den Eleusinischen Mysterien wieder auf, wo die Vereinigung der geistigen Gegensätze von oben und unten wieder durch den Regen vollzogen werden soll. Der zum Ritual gehörende Ruf „hye – kye“ („beregne – empfange“) ordnet die Entstehung des Lebens dem Wasser zu. Weitere Bedeutungen des Wassers führen aus unserem Zusammenhang weg und können im Rahmen dieses Buches nicht in Vollständigkeit aufgezeigt werden.

Mit dem Symbol des Wassers eng verbunden ist die Schlange. Sie lebte ja ursprünglich auch in Wirklichkeit im Wasser. Wenn wir eine Strumpfbandnatter im Terrarium halten, werden wir sie auch heute noch mit Fischen füttern müssen, die sie aus einem Wasserbecken holen will. In der symbolischen Bedeutung werden Wasser und Schlange oft gleich gesetzt. Aus beiden kann die Welt wie auch das Leben seinen Anfang nehmen. In Indien ruht Vishnu nach der Schöpfung auf der Weltenschlange und wacht als ordnendes Prinzip über die Erhaltung des Kosmos. Es gibt dazu Darstellungen, da der Gott als Steinplastik auf der Schlange im Wasser einer Quelle liegt. Auch im Ägyptischen Totenbuch findet sich die Aussage, daß der Schöpfergott Atum sowohl als Urozean erscheinen, sich aber auch in eine Schlange verwandeln kann. Beide Erscheinungsformen, Wasser wie Schlange, sind im Wechsel für ihn möglich. Diese Wandlungsfähigkeit der Schlange führte in ägyptischer Anschauung zum Bild des Uroboros, der Schlange, die sich selbst in den Schwanz beißt, wie das griechische Wort dafür heißt. In diesem Aspekt ist die Schlange Anfang und Ende und bedeutet den Urzustand, wie er vor der Bewußtwerdung herrscht.

Auch im Traum finden wir dementsprechend das Bestreben, aus dem ewigen Kreisen der Schlange herauszukommen und ein individuelles Bewußtsein zu entwickeln. Umgekehrt verfolgt den Menschen ständig die Angst, von den Schlangenkräften wieder eingefangen und verschlungen zu werden. Im einleitenden Teil des Buches sahen wir die Schlange im Bild vor dem spaltbreit geöffneten Tor der Burg, in der sich das „Burgfräulein“ verschanzt hatte. Auch in dem Traum mit dem Rückzug vor der Schlange in das Hochhaus war die Flucht als Reaktion auf ihr

Erscheinen deutlich. Die Schlange auszuhalten und zu bestehen, kann der erste Schritt aus dem dumpfen und unpersönlichen Dasein heraus sein, so daß auch hier die Schlange zum Symbol des Beginns der persönlichen Entwicklung wird: „Ich bin zu Besuch bei Leuten, die eine Riesenschlange haben. Der Mann, dem sie gehört, sagt, daß sie niemand etwas tue, wenn man keine Angst vor ihr hat und sich ruhig verhält. Ich habe schon ein wenig Angst, gehe aber ganz ruhig auf die Schlange zu. Sie hebt den Kopf und bewegt sich kurz." Damit ist die Konfrontation mit der Schlange bestanden. Die weitere Entwicklung kann ihren Lauf nehmen. Um mich bei der Interpretation des Schlangensymbols nicht zu wiederholen, verweise ich auf mein Buch „Das Geheimnis der Schlange"*. Aber auch in diesem Band wird sie noch gelegentlich auftauchen.

Ein weiteres Tiersymbol, das im Wasser lebt, ist der Fisch. Um ihn kreisen zwei Gruppen von Träumen. Bei den einen geht es darum, daß man voller Überraschung feststellt, daß Fische in so großer Zahl im Wasser vorhanden sind. Vorher hatte man gar nichts davon gewußt. Sie symbolisieren Kräfte, welche bis dahin im unbewußten Bereich verborgen blieben. Im Verlauf der Entwicklung der Persönlichkeit werden sie sichtbar. Die zweite Gruppe von Träumen schließt hier an und enthält die Aufforderung, diese Fische herauszuholen aus dem Wasser. Nur wenn diese Kräfte dadurch in das Bewußtsein gehoben werden, stehen sie dem Träumer als Zuwachs zur Verfügung und können in die Person integriert werden.

Der Prozeß vom Entdecken der Fische bis zum Ansiedeln im eigenen Bereich läßt sich an folgender Traumserie recht anschaulich aufzeigen: „An meinem Weg liegt ein Teich. Dort soll es viele Fische geben. Ich sehe zunächst keine und glaube es nicht so recht. Dann sind da doch einige und nach und nach werden es immer mehr. Sie tauchen auf und strecken ihre Köpfe aus dem Wasser. Die Fische sperren ihre Mäuler auf, um gefüttert zu werden. Mir gefällt es hier so, daß ich noch stundenlang zuschauen könnte." In den nächsten Träumen wird die Klarheit

* Willy H. Fischle, Das Geheimnis der Schlange, Deutung eines Symbols, Bonz Verlag Fellbach 1983.

des Wassers immer mehr betont, so daß man die Fische darin sofort erkennen kann. Dann folgen Versuche, die Fische in Behältern nach Hause zu nehmen. Dort sollen sie in Schubladen von Schränken untergebracht werden. Diese Lösung befriedigt jedoch die Analysandin nicht. Die Fische können darin nicht überleben. Sie sind nach einiger Zeit wieder verschwunden. Zu halten sind sie erst, als die Frau sich entschließt, ihnen eine ihrer Art entsprechende Aufenthaltsmöglichkeit zu geben: „Es ist Nacht. Ich habe meine Fische im Haus. Nun bin ich dabei, ihnen ein Aquarium zu bauen."

Die Umwandlung des Fisches in einen Zuwachs an Kräften träumte eine Frau: „Aus einem Teich soll ich einen Fisch herausziehen. Als ich ihn an Land habe, stellt es sich heraus, daß es ein Goldfisch ist. Dieser verwandelt sich in einen Mann, der mit mir geht und mich begleitet." Ähnlich wie im Märchen vom Froschkönig, wo der Frosch auch aus der Tiefe des Brunnens kommt, ist dieses Tier ein besonderer Fisch. So weist ihn seine Goldfarbe im Traum schon aus. Nachdem der Frosch im Märchen angenommen ist, kann er sich in den Prinzen verwandeln. Auch aus dem Fisch wird im Traum ein Mann. Männliche Kräfte kann diese Frau sehr gut brauchen. Sie lebt allein und hat Mühe, sich zu behaupten und durchzusetzen. Der Traum sagt ihr, daß sie die Kräfte in ihrem Innern besitzt, daß sie diese aber wie den Fisch mit der Angel oder dem Netz aus dem Unbewußten herausholen muß. Eine Bereitschaft und das eigene Bemühen sind als Voraussetzung bei allen Träumen angesprochen, wenn es darum geht, einen Fisch an Land zu ziehen.

Das meist im Verborgenen sich vollziehende Leben des Fisches hat diesem Tier als Symbol geheimnisvolle Kräfte zugeordnet. Die Unheimlichkeit des Wassers, vor allem des Meeres in seiner Unendlichkeit nach Weite wie Tiefe, wurden auf den in diesem Element lebenden Fisch übertragen. In manchen Dörfern Oberschwabens, die in ihrer Umgebung einen See haben, erzählt man sich von dem Fisch, den noch niemand gesehen hat. Diese Tradition wird über Generationen weitergegeben. Man wagt nicht, über den See zu schwimmen, da der Waller den Menschen in sein Reich hinunterziehen könnte. Die Parallele zu den Kräften unseres Unbewußten, die mit unseren Mitteln ebenfalls nicht faßbar sind, liegt nahe. Auch von ihnen können uns überraschende Wirkungen ausgehen.

Der mit dem Symbol des Wassers verbundene Fisch, den wir geheimnisvoll und rational nicht faßbar erleben, führte in frühchristlicher Zeit zur Verwendung dieses Symbols als Zeichen für Jesus Christus. Formal wurde die Gleichsetzung dadurch unterstützt, daß im Griechischen, das seinerzeit Gemeinsprache im Mittelmeerraum war, die Anfangsbuchstaben von Namen, Beinamen und Bestimmung Jesu aneinandergereiht das Wort Ichthys, also Fisch, ergeben. Psychologisch interpretiert liegt das Vergleichsmoment darin, daß die Aufforderung, den Fisch aus den Tiefen in sich zu heben, der Aufgabe gleichkommt, Jesus Christus in sich entstehen zu lassen. Damit erleben wir in unserem Kulturkreis einen ähnlichen Vorgang, wie wenn im Buddhismus das Kernwort OM MANI PADME HUM immer wieder formuliert und meditiert und dadurch als „Kleinod im Herzen“ in Kraft und Wirkung gesetzt wird.

Dem vorgeburtlichen Zustand, der oben in dem Traum, in welchem sich der Mann aus dem Wasser hocharbeiten mußte, Ausgangspunkt war, kann auch ein Eingeschlossensein in engen Räumen entsprechen. Eine Träumerin sah sich als „Schneewittchen im Glassarg, als es scheintot war“. Die Veränderung und Befreiung erfordert Einsatz. Ein Mann erlebt dies in folgendem Traum: „Ich bin im tiefen Keller und sehe hoch über mir ein kleines Fenster, hell und licht, wodurch ich mich in dem Raum orientieren kann. Ich weiß, daß ich durch dieses Fenster hindurch muß. Es ist der einzige Weg in die Freiheit. Wie dies zu schaffen ist, weiß ich aber noch nicht.“

In einem ähnlichen Bild ist der Vorgang der Geburt als Selbstbefreiung hier dargestellt: „Ich bin in Gängen, die immer enger werden. Sie sind dunkel und bedrückend. Die Decke über dem Weg, den ich zu gehen habe, wird niederer. Ich muß mich dukken und schließlich auf allen Vieren kriechen. Es ist wie eine enge Röhre, durch die ich mich hindurchzwängen muß. Ich weiß, daß ich nicht zurück kann. In der Ferne wird vor mir eine Öffnung sichtbar, die wie ein Ausgang erscheint. Dort ist Tageslicht. Ich bin mir bewußt, daß ich durchhalten muß, um dorthin zu kommen.“

Die Anstrengung eines solchen Befreiungsprozesses macht die Ansammlung von Kräften in konzentrierter Form notwendig. Deshalb stehen am Anfang einer Entwicklung als Ausgangsmöglichkeit Symbole der Konzentration. Im pflanzlichen Bereich ist dies die Zwiebel oder das Samenkorn, im tierischen das Ei. Ein Beispiel für die Aussage der Zwiebel findet sich in folgendem Traum:

„In einem tristen, ringsum eingeschlossenen Hinterhof sehe ich einen Baum im hellen Grün seiner Blätter. Er steht in einer runden Baumscheibe. Unter dem Baum entdecke ich in dem vom Pflaster ausgesparten Kreis den Austrieb einer Gladiole. Beim Nachgraben finde ich eine Zwiebel, die sich über den Winter hier gehalten hat und neue kleine Zwiebeln um sich herum angesetzt hat."

Das Leben behauptet sich in diesem Traum trotz Hinterhof, Pflaster und Winter. Im Zentrum des Bildes steht der Baum im Grün seiner Blätter als Symbol des Wachstums und der Vegetation. In seinem Kreis, den er schützend überwölbt, hat sich die Zwiebel angesiedelt. Sie zeigt den ersten Austrieb nach dem Winter. Unter der Erde hat sie sich in Form von neuen Zwiebeln vermehrt. Für die Träumerin ist es beglückend, die Mitteilung aus dem Unbewußten zu erhalten, daß bei aller Einengung ihrer seitherigen Entfaltungsmöglichkeiten und der Dürftigkeit ihrer Bedingungen Lebendiges sich regt und ihre Möglichkeiten in Form der Zwiebeln sich vermehren.

Ähnlich wird in dem Traum eines Mannes die natürliche Vitalität und Gesundheit, die in der Zwiebel steckt, angesprochen. Er versucht, diese in seinen Bereich durch Verpflanzung der Zwiebelgewächse in den eigenen Garten zu übertragen. Die Bilder sind im fortgeschrittenen Stadium einer Analyse geträumt und lassen den Gesundungsprozeß durchspüren: „Ich sehe mich an einem Gewässer. Das Ufer ist wiesenartig bewachsen und trägt kleine Bäume. Das Wasser ist klar und sauber. Mir gefällt es in der Landschaft sehr gut. Ich fühle mich wohl. Beim Umhergehen entdecke ich im Grün der Uferböschung eine tellergroße Stelle, die voll von weißen und bunten Krokusblüten ist. Sie sind alle aufgeblüht und stehen gesund und kräftig da. Die Blüten bedecken die ganze Stelle, doch hat jede genug Platz, um sich zu entfalten. Ich grabe die Pflanzen aus der Erde. Darunter wird ein Nest von Krokuszwiebeln sichtbar. Die Zwiebeln sind walnußgroß und haben gelbbraune glattanliegende Schalen. Wie die Blüten bieten auch diese Zwiebeln ein Bild von sehr gesunder Lebenskraft. Ich bin überzeugt, daß unter den jetzt sichtbaren noch weitere Zwiebeln liegen. Deshalb meine ich es verantworten zu können, die Pflanzen in meiner Hand mitzunehmen, um sie daheim in meinen Garten zu setzen."

Den Neubeginn nach einer Katastrophe und damit das Fortbestehen des Lebens sieht ein Mann im Symbol des Samens gewährleistet. Er weiß im Traum, daß eine weitgehende Vernichtung seine Heimatstadt und deren Einwohner treffen wird. Er flüchtet mit seiner Familie aus der Stadt. Dabei fällt ihm ein, daß er eine Pflanze mitnehmen könnte, um diese zu retten. Aber welche? Er müßte alle anderen zurücklassen. Da kommt ihm im Traum der Gedanke, daß Samen viel besser geeignet ist zum Überleben und daß er dann Körner von allen Pflanzenarten mitnehmen kann. So sammelt er alle Samen von Mais bis Kohl wie auch von Blumen in einen Sack. Weit draußen im Gelände will er in einer Höhle Unterschlupf suchen. Er weiß, daß die Höhle ihn schützt und daß er das Ereignis überleben wird. Wie Noah in der Arche die Sintflut überstand, wird der Mann in seiner Höhle die Katastrophe überleben und danach durch die Samen in seinem Sack einen neuen Anfang des Lebens auf der Erde einleiten. Ausdruck dieser Sicherheit liegt im Symbol des Samenkorns. So wird es dem Träumer als Antwort auf seine Angst und Unsicherheit aus dem Unbewußten vermittelt. In der Zeit vor dem Traum befand er sich in einer starken Krise, weil er sich mit seiner Familie intensiv auseinandersetzte. Der Abbruch bisheriger kindlich geprägter Beziehungen lösen Schrecken aus. Zunächst sucht er in der Höhle Zuflucht. Er muß sich in sich selbst zurücknehmen und durch eine tiefe Regression die Neugeburt einleiten. Auf diese deutet der Samen schon hin.

Im tierischen Bereich entspringt das Leben aus dem Ei. Schon in den Vorstellungen, die sich die Menschen von der Entstehung der Welt machten, findet sich in verschiedenen Kulturen die Überlieferung, daß die Weltenschlange ein Ei legt, aus dem sich der ganze Kosmos entwickelt. Während sich das Keimen des Samenkorns im Dunkel der Erde vollzieht, kann man das Aufbrechen der Eierschale und das Schlüpfen des Hühnchens leichter beobachten. Als Symbol des Lebens wurde das Ei den Toten als Hoffnung auf eine Wiedergeburt in das Grab mitgegeben. So versteht es sich auch in seiner Verbindung zu Ostern als dem Fest der Auferstehung: aus Dunkel zum Licht, durch das Leiden in der Passion zum Heil. In der griechischen Heilkunde wurden Eier von Hippokrates gezielt als Arznei empfohlen. In der römischen Tradition verwendete man Eier zur Weihung besonderer Stätten und zur Abwehr von Unheil. In einem Hochtal der Steiermark werden heute noch die am Karfreitag gelegten Eier von den Bauern besonders markiert. Sie werden nur an Familienmitglieder gegeben. Es bedeutet höchste Anerkennung und familiäres Einbezogensein, wenn man als Außenstehender ein solches Ei bekommt. Beim Neubau eines Hauses werden drei Karfreitagseier in das Fundament eingemauert. Sie bewahren das Haus und seine Bewohner vor Unheil, vor allem bei Gewitter.

Der im Ei verborgenen Potenz entsprechend erscheint das Symbol auch im Traum als Mitteilung aus dem Unbewußten, daß der Träumer noch unentwickelte Möglichkeiten in sich hat. Eine Frau wacht im Traum auf und findet neben ihrem Bett eine Anzahl von Eiern. In diesem Augenblick bemerkt sie, daß fremde Menschen in ihr Zimmer hereinkommen. Sie wird sich bewußt, daß sie auf die Eier aufpassen muß, damit diese nicht gestohlen oder zertreten werden. Die soeben entdeckten Entwicklungsmöglichkeiten, die ihr im Schlaf zugekommen sind, muß sie schützen vor fremdem Zugriff und Zerstörung. Wenn diese Frau sich mit zuvielen Menschen, die ihr bis in die Intimität des Schlafzimmers nachgehen, einläßt, gefährdet sie die Möglichkeit, ihre Potenzen in aller Ruhe auszubrüten.

Ähnlich wie oben erwähnt beim Totenkult, wo das Ei als Symbol für das Wiedererstehen nach der Auflösung mit in das Grab gegeben wird, träumt ein Mann, er finde beim Räumen in seiner Wohnung unter all dem Gerümpel, das er aussortieren und wegschaffen will, ein Ei. Hier ist die allgemein gültige Erfahrung eingegangen, daß das Abgeben und Zurücklassen den Ansatz zum neuen Werden und Entstehen in sich trägt. Zum Ei gehört das Verstecken. Dies mag auch aus der Erfahrung kommen, daß der Anfang meist im Dunkel sich vollzieht. Daher stammt der Brauch, an Ostern, dem Feiertag der Neugeburt, nahestehenden Menschen Eier zu schenken und sie dabei zu verstecken.

Wachstum und Entwicklung

Das Wachsen, das nach der Geburt einsetzt, nehmen wir am einfachsten am Bild der Pflanze wahr. Oft muß sich dieser Prozeß gegen einen Widerstand durchsetzen, wie es uns der folgende Traum zeigt: „Ich sehe in einer Allee von Kastanienbäumen, wie eine neue Pflanze durch den Straßenbelag durchstößt und sich zu einem kräftigen Baum entwickelt." In jedem Frühjahr beobachten wir an der Pflanze, daß das Leben mit Beginn der Vegetationsperiode aus den Knospen herausdrängt. Die darin enthaltene Potenz will sich entfalten. Jedes Wachstum erfolgt schubweise, nie gleichmäßig in linearem Ablauf. Das läßt sich mit Zeitrafferaufnahmen an Pflanzen leicht darstellen. Der Gärtner weiß von diesen verschiedenen Stadien des Austriebs und hat Bezeichnungen dafür in seiner Sprache. Beim Apfelbaum kennt er zum Beispiel entsprechend dem Bild der Knospe ein „Mausohrstadium".

Vom Garten und Pflanzen träumen aber nicht nur Menschen, die selbst ein Stück Land bebauen. Diese Bilder stehen allen Menschen, auch denen, die schon lange in der Stadt leben, zur Verfügung. Die Bedeutung der Begegnung mit der Natur, mit Pflanzen und Tieren für Kinder und Erwachsene ist nicht zu überschätzen. Wer die Atmosphäre des natürlichen Lebensraums mit dem Ablauf von wachsen, blühen, reifen und ernten als sichtbaren Prozeß erleben kann, begünstigt damit seinen eigenen Bereich, in dem er wurzelt, und sein eigenes Wachstum, das für ihn lebendige Entwicklung und nicht nur biologische Funktion bedeutet.

Wie bei diesem bewußten Erleben des Wachstums in der äußeren Welt wählt auch das Unbewußte oft das Bild der Pflanze, wenn es den Menschen dazu auffordern will, etwas für sein inneres Wachstum zu tun. So erhielt ein Mann den Hinweis im Traum, er solle Setzlinge in seinem Garten pflanzen. Eine Frau träumte sehr ausführlich über ihren inneren Garten und die Notwendigkeit, sich mehr darin zu betätigen. Die Pflanzen, die in dem Traum vorkamen, reichten von Küchenkräutern über Gemüse bis zu Blumen und Beeren: „Ich bin aus den Ferien zurückgekommen und gehe in meinen Garten, um nach dem Rechten zu sehen. Er scheint recht verwildert zu sein. Ich kenne ihn gar nicht mehr. Rechts und links des Weges rupfe ich Schnittlauch und Petersilie ab und freue mich, daß diese Kräuter hier wachsen. Dann sehe ich zwei große Sonnenblumen. Sie sind bereits abgeblüht. Bald werde ich die Kerne ernten können. Ich staune, wie die Buschbohnen sich vermehrt haben. Ihre Schoten sind noch zu klein. Ich muß sie noch wachsen lassen. Dafür finde ich Walderdbeeren mit zwei roten Früchten. Kurz vor der Haustür steht ein Kirschbaum, der auch noch zu meinem Garten gehört." Ein reiches Angebot von Möglichkeiten in diesem Garten, doch muß mehr getan, mehr „kultiviert" werden.

Daß man sich nach getaner Arbeit in seinem Garten auch über das Ergebnis freuen darf, erlebt eine 30jährige Frau in dieser Weise: „Mein Garten steht wunderschön in Blüte. Im Blumenbeet blühen unzählige rote Tulpen und gelbe Stiefmütterchen. Alle sind voll erblüht. Ich gehe am Beet entlang und denke, daß ich mir ein paar Tulpen schneiden und in mein Zimmer holen werde. Im Rosenbeet auf der anderen Seite des Weges steht ein Blaukrautkopf, Chinakohl und saftgrüner Eissalat. Einige Pflanzen sind voll ausgebildet und können geerntet werden. Sie haben richtige Köpfe, andere müssen noch etwas wachsen."

In diesem Traum steht dem Alter der Träumerin entsprechend das Blühen im Vordergrund. Die Reifung ist teilweise auch schon in der Konzentration und Kopfbildung der Gemüsepflanzen eingetreten. Das Ernten kommt später. Jetzt gilt es zu blühen und sich aufzubauen. Daher sind alle vier Grundfarben namentlich im Bild aufgeführt: rote Tulpen, gelbe Stiefmütterchen, blauer Kohl und grüner Salat. Nach C. G. Jung entsprechen diese Farben den vier Grundfunktionen. Rot bezeichnet die Gefühlsseite, Gelb die Intuition, Blau das Denken und Grün die Empfindungsfunktion. Deutlich im Traum wird auch die

Mischung aus zweckfreiem Blühen der Blumen und dem gesunden Sinn für die Brauchbarkeit des Gemüses zum täglichen Lebensunterhalt. Der Kohl steht im Rosenbeet. Auch die Korrespondenz von außen und innen ist im Traum angesprochen: Die Träumerin will sich einige der roten Tulpen aus dem Garten in ihr Zimmer holen.

Am deutlichsten sehen wir das Wachsen der Pflanze am Beispiel des Baumes. Sein Wachstum hat den Menschen schon immer angesprochen und beeindruckt. Deshalb finden wir ihn als Symbol in Mythen und Märchen aller Kulturkreise. In der deutschen Sprache führte dies zu der Verdichtung in dem Wort Lebensbaum. Hier ist Leben und Baum zusammengebracht. Auch im Märchen vom Aschenputtel spendet die tote Mutter aus der Erde über den Baum, der über ihrem Grab wächst, ihrem Kind noch in Form der festlichen Kleider und Schuhe die Voraussetzungen für seine weitere Entwicklung. Das Wachsen des Baumes vollzieht sich nicht nur von unten nach oben. Sein Stamm wächst auch in die Breite. Der Mensch setzt ebenso im Laufe seines Lebens Ringe an und sieht sich hier identisch mit dem Baum. Diese Ringe sind durch den Verlauf des Jahres so geprägt, daß an den Balken von mittelalterlichen Fachwerkhäusern mit Hilfe der Jahresringe die Datierung des Wachstums dieses Baumes, aus dem der Balken gehauen wurde, möglich ist.

Das Bild des Baumes hat den Menschen immer sehr bewegt und angesprochen. An seinem Beispiel läßt sich am besten der Zusammenhang zwischen innen und außen aufzeigen. Der wirkliche Baum, den wir in der Außenwelt wachsen und grünen sehen, weckt in uns Kräfte, die ebenfalls ein Wachstum in Gang bringen wollen. Es ist ein Vorgang ähnlich dem der Meditation. Auch dort bedient man sich der Bilder, die man von einer äußeren Vorlage angeregt in sich entstehen läßt. In den asiatischen Kulturen wird diese Praxis mehr angewandt als in Europa. Bei uns hat am ehesten noch der Dichter aus seiner intuitiven Schau heraus Zugang zu dem Zusammenhang zwischen äußerem Bild und innerem Geschehen. So formuliert Rilke in einem seiner späten Gedichte: „O, der ich wachsen will, ich seh hinaus, und *in* mir wächst der Baum."

Durch seine Stellung zwischen oben und unten geht der Baum

als Symbol weit über die Verkörperung des reinen Wachstums hinaus. Er wird zum Mittler zwischen irdischen und himmlischen Kräften. Er steht als Baum der Erkenntnis im Paradies an der entscheidenden Stelle, wo wachsendes individuelles Bewußtsein mit dem Verlust des Eingebundenseins im Ganzen beglichen werden muß. So wird er auch zum Entwicklungssymbol für die Individuation in der analytischen Psychologie. Unter einem Baum kommt Buddha zur Erleuchtung. Jonas findet sich unter einem Baum wieder nach der Wandlung im Bauch des Ungeheuers und ist bereit, seinen Auftrag nun zu übernehmen. Apoll, der Vertreter der hellen Bewußtheit in der griechischen Mythologie, wird auf Delos unter der Palme geboren. Bis zu unseren Kerzen am grünen Weihnachtsbaum ist dieser Aspekt des Symbols gewahrt.

Von hier ist es nicht weit zu einem anderen Akzent des Baums. In seiner Standfestigkeit kann er zum Retter in der Not werden. So sieht ihn Homer in seiner Odyssee. Das Floß, auf das sich sein Held nach dem Schiffbruch gerettet hat, wird vom Strudel der Charybdis in die Tiefe gerissen. Odysseus erfaßt gerade noch einen Ast eines Feigenbaums, der über dem Wasser steht. Das Floß wird wieder nach oben gespült. Odysseus kann sich daraufschwingen und erreicht schließlich die Gestade der Phäaken.

Daß der Baum, wenn er seiner symbolischen Bedeutung entsprechen soll, fest in der Erde verwurzelt sein muß, wird einer Frau im Traum nahegebracht. Sie sieht große Tannen in einer Reihe hintereinander langsam durch die Luft fliegen. Ihr Mann, den sie darauf aufmerksam macht, versucht, die Bäume auf die Erde herunterzuholen. Es gelingt ihm zunächst nicht. Erst ein Bauer, der ihm zu Hilfe kommt, kann ihm sagen, wie und wo die Bäume zu erden sind. Alle Tannen, welche nicht rechtzeitig aus der Luft auf die Erde geholt werden, fallen braun und dürr zu Boden. In ihrer äußeren wie inneren Entwicklung hatte diese Frau im Verlauf ihres Lebens wenig Gelegenheit, wirklich Wurzeln zu schlagen. Auch der Versuch, dies über den Partner zu verwirklichen, war zunächst nicht vollständig gelungen. So weist das Unbewußte deutlich darauf hin, daß die Träumerin ihre Beziehung zu ihren erdhaften Kräften aktivieren muß, um sich nach den fehlgeschlagenen Versuchen nun endgültig einzuwurzeln.

Einige Monate später träumt dieselbe Frau: „Ich versetze meine Pflanzen, damit sie mehr Wurzeln treiben können." Sie hat also die Aufforderung aus dem früheren Traum aufgegriffen und ist selbst aktiv dabei, die Wurzelbildung durch mehrfaches Versetzen, wie es der Gärtner bei Sträuchern und Bäumen fachgerecht macht, zu fördern.

Die Kräfte, die zum Entwicklungsprozeß notwendig sind, nimmt man zum Teil noch von den Vorräten des Elternhauses mit. Diese werden oft als Knollen und Früchte, die im Keller gesammelt wurden, geträumt: „Eine Gruppe junger Leute ist im Garten meines Elternhauses. Wir sind alle zu Besuch bei meinen Eltern. Wir verabschieden uns von ihnen. Ich hole mir noch aus dem Garten ein paar Kohlrabi und vom Apfelbaum einige Äpfel. Bei den Äpfeln muß ich genau auswählen. Einige sind zwar sehr groß wie Honigmelonen, aber zum Teil innen hohl. Dann gibt es noch etwas aus dem Keller. Ich weiß nicht mehr genau, was es ist."

Die Träumerin ist zu Besuch bei den Eltern und hält sich nur im Garten, nicht im Haus selbst auf. Sie hat sich schon soweit verselbständigt, daß sie in einer Gruppe junger Leute lebt. Die Zugehörigkeit zu Gruppen von Gleichaltrigen ist im allgemeinen eine Zwischenphase auf dem Weg zur individuellen Lebensgestaltung und zur Partnerbeziehung. Beim Abschied von den Eltern wird ihr bewußt, daß sie noch einiges mitnehmen könnte. In den Konzentrationssymbolen Frucht und Knolle haben sich Kräfte angesammelt, welche diese Frau sich gern aneignen möchte. Doch wird sie darauf hingewiesen, daß man beim Übernehmen der Früchte aus dem Garten der Eltern kritisch sein muß. Die Größe kann täuschen, und statt dem Kern ein Hohlraum sich zeigen.

Die Ansammlung von Kräften in der Frucht als Ergebnis von Entfaltung und Reifung kommt auch in dem Traum eines Mannes zum Ausdruck. Er findet in einem zerfallenen Kellergewölbe Birnen, die zunächst unscheinbar sind, denen aber überraschenderweise heilende Kräfte innewohnen: „Ich gehe auf einer Anhöhe spazieren und komme an einem alten verfallenen Haus vorbei, das ich von früher schon kenne. Mir fällt auf, daß ein Stück Mauer eingefallen ist und den Blick in ein riesiges Kellergewölbe freigibt. Im Keller unten liegen gewöhnliche Mostbirnen. Ein Mann im blauen Arbeitskittel kommt dazu und preist den Wert der Birnen an. Sogar sein Chef sei von den unscheinbaren Birnen eingenommen und schreibe ihnen ungeahnte Heilkräfte zu."

Die Deutung des Symbols Birne führt in den weiblichen Bereich. Von der Form gleicht sie dem Uterus. Sie ist weich, süß und saftig, während der Apfel eher männliche Akzente hat. Er ist härter, kantiger in der Form und besitzt meist mehr Säure als Süße. Daß dieser Mann Birnen findet und nicht Äpfel, Kartoffeln oder Rüben, hat seinen Grund. Wenn hier auf Birnen als Heilmittel hingewiesen wird, geht es darum, daß über weibliche Kräfte die Möglichkeit eines Gesundungsprozesses empfohlen wird. Dieser Träumer hat seither seine eigene weibliche Seite vernachlässigt und wenig entwickelt. Er war gefühlsgehemmt und verzichtete dadurch auf viele menschliche Kontakte in seinem Leben. Dies wirkte sich auch in seiner Beziehung zu Frauen aus, da er sie nicht als Beziehungspersonen annehmen konnte. Nun sagt ihm sein Traum, daß selbst in diesen verachteten, unscheinbaren Mostbirnen Kräfte für eine Entwicklung seiner weiblichen Seite stecken können.

Unsere Träume benützen Bilder, die verschiedene Gestalten, Dinge und Situationen zeigen, um uns ganz persönliche Mitteilungen zu machen. Diese Bilder können aus Tagesresten stammen. Sie werden aber nur dann in das Traumgeschehen eingebaut, wenn damit ein hintergründiger Zusammenhang ausgedrückt werden soll. Ein einfaches Beispiel macht dies verständlich: Jemand träumt, daß er Fisch ißt. Er tut das Erscheinen dieses Bildes damit ab, daß er gestern abend tatsächlich Fisch gegessen habe, es sich also bei dem Bild um einen Tagesrest handle, der in den Traum eingegangen sei. Der Träumer hat jedoch in seinem Leben schon oft Fisch gegessen, ohne daß er davon geträumt hätte. Umgekehrt ist an dem Vorgang einer Auswahl nicht zu zweifeln, da der Träumer an demselben Tag noch verschiedene andere Dinge gegessen hat. Wenn dieses Bild für seinen Traum ausgewählt wird, ist es determiniert und steht damit in einem Zusammenhang, den das Unbewußte aufzeigen will.

Das Kind bietet sich als Symbol für die Darstellung des menschlichen Wachstums mit seinen verschiedenen Aspekten und Problemen an. Natürlicherweise ist das Wachsen vom Essen abhängig. Meist setzt die Traumserie, welche sich mit diesem Thema beschäftigt, damit ein, daß das Kind zu kurz gekommen ist oder daß ihm die notwendige Nahrung heute noch vorenthalten wird. Der Traum eines erwachsenen Mannes formuliert die Ausgangssituation ganz knapp: „Ich sitze am Tisch eines Restaurants und esse. Neben mir sitzt ein hungriges Kind und bekommt nichts zu essen." In der Analyse darauf angesprochen, daß er hier doch wohl einem Teil von sich selbst zu wenig Zuwendung schenkt und sich selbst frustriert, bringt derselbe Mann eine Woche später den nächsten Traum: „Ich bin vor einem Lebensmittelladen und will einkaufen. Ich habe ein Kind in einem Kinderwagen dabei, den ich vor dem Laden abstelle. Ich gehe in den Laden und finde dort eine große Auswahl. Ich kaufe ausgewählte Lebensmittel, die mir besonders gut schmecken. Man will mir ein kleines Radieschen geben. Dies ist mir aber zu klein. Schließlich entdecke ich große Radieschen, die ich kochen will. Es handelt sich um süße Früchte. Ich kaufe dazu noch ein besonderes Brot."

Wieder hat dieser Mann das Kind dabei. Es sitzt nicht mehr ganz fremd daneben, sondern wird von ihm im Kinderwagen geschoben. Er nennt es aber noch nicht „mein Kind". Doch will er nun etwas für sich und damit wohl auch für das Kind tun. Er kauft Lebensmittel ein. Im Text wird eine gewisse Kompensation zu dem seitherigen frustrierenden Verhalten sichtbar: Es besteht ein vielseitiges Angebot. Er wählt gezielt danach aus, was ihm schmecken wird. Auch gibt er sich nicht mit kleinen Radieschen zufrieden. Er will in größerer Form nun das Wurzelgemüse aus der Erde aufnehmen. Um dieses Essen dem Kind anzupassen, werden süße Früchte daraus. Auch will der Träumer es sich und dem Kind nicht roh vorsetzen, sondern zusätzlich die Mühe des Kochens auf sich nehmen. Die Auswahl der Nahrungsmittel findet ihren Abschluß im Kauf eines besonderen Brotes. Damit könnte der Mann bei sich und dem hungernden Kind den seitherigen Mangel ausgleichen.

Die im Traum gegebenen Mitteilungen und Impulse fordern die Suche nach dem Zusammenhang mit dem realen Leben und damit zur Wirklichkeit des Alltags. In dem vorliegenden Fall geht es kaum darum, daß sich dieser Mann mehr seiner Ernährung widmet. Vielmehr muß er sehen und fühlen lernen, wo er sich zu wenig oder in falscher Weise um sich selbst kümmert. Das Träumen allein bringt zwar eine gewisse Milderung der Spannung im unbewußten Geschehen. Eine Veränderung und Verwirklichung dessen, was als notwendig ansteht, erfordert das bewußte Erkennen. Daraus muß dann der Bezug zur Wirklichkeit gesucht und hergestellt werden. Es ist nicht immer einfach, die Traumaussage ins Leben zu übertragen. Oft wird daraus eine Suche und ein Bemühen, das über Monate gehen kann. Es ist auch möglich, daß das Unbewußte mit einem folgenden Traum weiterhilft.

Der Zustand, den wir hier unter dem Stichwort „das hungernde Kind“ zusammengefaßt haben, kann auf verschiedene Ursachen zurückzuführen sein. Objektiv ist es möglich, daß tatsächlich eine Vernachlässigung durch die Beziehungspersonen in der frühen Kindheit stattfand. Eine sorgfältige Untersuchung des Lebenslaufs wird darüber Anhaltspunkte liefern. Oft wird aber auch eine Deutung auf der Subjektstufe nötig sein, indem das Kind als ein vernachlässigter Teil innerhalb der eigenen Person gesehen werden muß. Beide Komponenten können auch gemeinsam in einer Entwicklung vorhanden sein, da ein Mensch, der als Kind von seinen Eltern nicht richtig angenommen wurde, auch große Schwierigkeiten hat, sich selbst anzunehmen und in gesunder Weise zu umsorgen. Die Ablehnung und Vernachlässigung als Kind kann zur klassischen Ausgangssituation für Freß- oder Magersucht führen. Häufig treten Freßzwang und Essensverweigerung in welchselnden Phasen bei derselben Person auf. Hinter beiden Symptomen stehen tiefe Selbstzweifel.

Der folgende Traum einer Frau zeigt das Schicksal eines Kindes, das von seiner Mutter von Anfang an nicht angenommen werden konnte: „Ich fahre mit der Transsibirischen Eisenbahn tagelang durch weite Ebenen. Da sehe ich in der Steppe ein kleines Kind sitzen. Das Kind hat große trostlose Augen und weint. In diesem Moment weiß ich, daß das Kind von seiner Mutter ausgesetzt wurde und daß dieses Kind ich selbst bin."

Ein Bild wie von E. Munch gemalt! Statt das Angenommensein durch eine liebende Mutter zu erleben, wurde die Träumerin in früher Kindheit abgelehnt und ohne mütterliche Fürsorge und Zuneigung erzogen. Dies kam einer Art von Ausgesetztwerden gleich, ein Schicksal, welches so folgenschwer ist, daß es schon in der Mythologie seinen Niederschlag gefunden hat. Sowohl Griechen wie Römer hatten in Ödipus oder Romulus und Remus ihre klassischen Beispiele dafür. Aber auch im Alltagsleben der römischen Familie entschied das Angenommenwerden über das Schicksal des Neugeborenen. Dieses wurde nach der Geburt an der Schwelle des Hauses niedergelegt. Der Vater, dem als pater familias das Recht über Leben und Tod der Familienmitglieder zustand, hob das Kind auf und trug es über die Schwelle. Tat er dies nicht, wurde das Kind im Gebirge ausgesetzt, wie es in der Sage von Romulus und Remus seinen Niederschlag gefunden hat, wo die säugende Wölfin für das Überleben der Zwillinge sorgte.

Sich selbst in diesem Bild des ausgesetzten Kindes zu begegnen, erfordert Mut und Kraft in einem Maß, wie es uns nicht immer zur Verfügung steht. Deshalb kann sich der Mensch dieser Wahrheit des eigenen Lebens nur schwer stellen. Das Verhalten der Mutter wird nicht in das Bewußtein genommen, sondern zunächst verdrängt. Damit ist auch eine Einschränkung der eigenen Entwicklung verbunden. Wer ohne das Erleben, eine gute Mutter zu haben, aufwächst, kann in sich selbst das Mütterliche nur schwer entwickeln. Die Analysandin hat die Wahrheit der dürftigen Beziehung zu ihrer Mutter in langen Jahren von sich geschoben. Deshalb ist das Traumbild auch in das ferne Sibirien verlegt. So weit muß die Träumerin fahren, um in ihrem Unbewußten sich selbst in diesem verlassenen Kind zu finden. Der Traum zeigt aber auch auf, daß diese Reise unternommen werden muß. Es hat keinen Sinn, mit dem Schicksal zu hadern, weil man mit sich selbst nicht zurecht kommt, und zu warten, bis von außen eine Lösung der Schwierigkeiten angeboten wird.

Nach einem solchen Traum sieht sich der Mensch auf seinen

Anfang zurückverwiesen. Er erlebt in Bildern, daß er mit sich selbst schwanger geht und sich selbst zur Welt bringt: „Eine Hebamme übergibt mir in einem Tuch mein neugeborenes Baby. Man sagt mir, daß es eine sehr schwere Geburt gewesen sei. Das Kind sei mit seinem Körper an mich angewachsen gewesen. Man habe es herausreißen müssen. Ich trage das Kind mit mir herum und bin dabei immer bemüht, seine nackten Ärmchen mit dem Tuch zu bedecken." Die Geburt seiner selbst ist nicht so leicht. Es besteht die Gefahr, daß man in sich selbst verfangen stecken bleibt. Sie kann einen völligen Neuanfang in der persönlichen Entwicklung bedeuten oder sich auf einen neuen Abschnitt im Leben beziehen. Das Kind verkörpert den Zuwachs an Kräften und ein neues Persönlichkeitsverständnis des Träumers zu sich selbst. Dabei ist ein deutliches Empfinden für die eigene Identität im Traum vorhanden. „In einem Heim sind in Käfigen Kinder und Tiere zum Abholen bereitgestellt. Mein Mann holt einen Jungen aus einem Käfig und gibt ihn mir. Er will ihn mitnehmen und behalten. Ich schaue das Kind an und gebe es zurück mit der Begründung, daß ich nur ein Kind haben wolle, das von mir selbst ist."

Aber auch im weiteren Verlauf der Entwicklung gibt es die Möglichkeit, daß man sich selbst überlagert und sich selbst erdrückt. Ein Traum zeigt dies einer erwachsenen Frau in folgendem Bild auf: Sie sitzt auf einem Kinderwagen und fährt von dem Ort, wo sie arbeitet, zu ihrem Wohnort. Plötzlich bemerkt sie, daß sie das kleine Mädchen im Wagen durch ihr Gewicht fast erstickt hat. Sie steigt schnell ab.

Das Kind, vor allem im Schulalter dargestellt, steht manchmal für das Lernen-müssen: „Ich muß wie meine Kinder zur Schule und suche verzweifelt etwas, was ich für die Schule brauche. Ich beginne zu weinen. Meine Kinder beruhigen mich." Die beiden 13- und 15jährigen Mädchen dieser Träumerin haben es besser. Sie stehen ihrem Alter entsprechend in dem Lernprozeß. Für die erwachsene Mutter der beiden besteht dagegen eine Differenz zwischen Lebensalter und Entwicklung. Das Unbewußte sagt ihr, daß sie an einer bestimmten Stelle einiges nachlernen muß. Nun ist jedes Nachholen-müssen einer Entwicklungsphase außerhalb der zugehörigen Altersstufe mit Schwierigkeiten und

Spannungen verbunden. Eine Trotzhaltung ist zum Beispiel mit 2 bis 3 Jahren leichter zu leben als im Alter von 30 bis 40 Jahren. Dies gilt für den Betreffenden selbst wie für seine Umgebung.

An Stelle von Lernen kann das Nachentwickeln von Funktionen der Persönlichkeit am Bild des Kindes auch durch Ausheilen und Aufheben von Behinderungen geträumt werden. „Ich trage einen Teller mit Kuchen zu einem Kinderheim und stelle ihn auf einem Tisch im Erdgeschoß ab. Im oberen Stockwerk liegt ein Kind im Bett. Ich sage ihm, daß ich Kuchen gebracht habe, und fordere es auf, sich davon zu holen. Das Kind versteckt sich unter der Decke. Andere Kinder kommen dazu und erklären mir, daß das Kind im Bett behindert sei und nicht gehen könne. Ich streichle das Kind und sage ihm, daß ich ihm beim Gehen-lernen helfen werde." Diese Frau ist dabei, durch eigene Zuwendung und Beschäftigung den Teil in ihr selbst, der in seiner Aktionsfähigkeit behindert ist, nachzuentwickeln. Dazu gehört allgemein, daß sie den Kindern – also ihren nachwachsenden Kräften – in Form des Kuchens etwas bringt, was ihnen entspricht, wie auch die spezielle Aufgabe, dem behinderten Teil durch Hingabe zur freien Bewegung zu verhelfen.

Da eine Neurose als Störung in der Entwicklung verstanden wird, ist es nicht verwunderlich, wenn die Symptome einer solchen Krankheit von der Psyche als kindlich aufgezeigt werden. Sie sind aus Mechanismen in der Kindheit entstanden und dann als Reaktionsmöglichkeiten meist mit zweckgerichteten Tendenzen im weiteren Verlauf des Lebens beibehalten worden. Eine Frau, die unter Zwangssymptomen litt, träumte: „Mein Mann und ich haben beide den gleichen Traum gehabt. Wir stehen mit unseren Blättern, auf denen wir die Träume aufgeschrieben haben, nebeneinander und vergleichen die Texte. Sie haben den Inhalt, daß nicht ich die Zwänge habe, sondern ein Kind." Im Traum sieht diese Frau ihre Symptome als unentwickelten Teil ihrer Persönlichkeit. In dieser Auffassung wird sie dadurch bestärkt, daß ihr Partner ebenfalls zu diesem Ergebnis kommt, was auch der Realität entspricht, da sich ihr Mann sachlich um ein Verstehen ihrer Krankheit bemühte.

Im nächsten Traum ist das Kind nicht ausdrücklich im Bild enthalten, an der Kindlichkeit der Haltung gibt es jedoch keinen

Zweifel: „Ich gehe mit einem Kollegen in ein Restaurant, um etwas zu essen und zu trinken. Wir setzen uns an einen Tisch mit dem Rücken zur Wand. Nachdem wir bestellt haben, rücken wir den Tisch zur Seite und urinieren an die Wand." Die Regression auf die Haltung des Kleinkindes soll dem Mann im Traum bewußt gemacht werden. Sie ist ihm nicht neu, da dieses Thema in früheren Träumen schon öfter aufgetaucht war. Außerdem kennt er seine Schwierigkeiten, die ihm aus der übergroßen und anhaltenden Fixierung an die Mutter in seinem Leben entstanden sind. Auf diesen Traum angesprochen meint der Träumer: „Das ist der Zustand, da man oben nuckelt und unten laufen läßt." Im Kleinkind sind alle Funktionen sehr eng verbunden. Die Differenzierung setzt erst langsam ein. Auf diesen Entwicklungsstand im Traum zurückzugehen, ist nötig, um die infantilen Verhaltensweisen und Fixierungen bewußt zu machen. Danach kann die Nachentwicklung eingeleitet werden.

Wie oben schon erwähnt kann das Symbol des Kindes auch positive Aspekte aufzeigen. Ein Mann von 35 Jahren, welcher den ganzen Sinn und Inhalt seines Lebens im Einsatz innerhalb seines Berufs sah, träumte: „Ich sitze in einem Dorf. Um mich herum spielen Kinder verschiedener Altersstufen. Sie sind sehr ausgelassen und fröhlich. Es macht ihnen Spaß, Schabernack zu treiben und die Erwachsenen zu ärgern. Zunächst sehe ich mich von ihnen auch angegriffen. Aber dann fühle ich mich auf der Seite der Kinder und kann mit ihnen lachen. Ich erlebe die Fröhlichkeit und das Ausgelassensein an mir selbst. Beim Erwachen muß ich darüber nachdenken, wie wenig ich mir in meinem Leben gestattet habe, so ausgelassen zu sein wie diese Kinder im Traum, weil dies niemals den Leitlinien der Erziehung meiner Eltern entsprochen hätte."

Die Entwicklung dieses Mannes war geprägt durch strenge Maßnahmen der Erzieher. Angst vor Schuldgefühlen und vor Liebesverlust führten zu früher Überangepaßtheit. Er übernahm bereitwillig die Wunschbilder seiner Eltern und wurde ein ehrgeiziger Schüler und strebsamer junger Mann mit erfolgreicher Karriere. Die einseitige Ausrichtung aller Kräfte auf dieses Ziel hatte zur Folge, daß er schon früh Erschöpfungssymptome zeigte und zu depressiven Verstimmungen neigte. Er verlor seine Spontaneität und Kontaktfähigkeit und konnte nie mit andern fröhlich oder gar ausgelassen sein. Solche Wünsche waren verdrängt, abgewertet und verachtet. Was nicht auf Zweck, Nutzen und Ziel ausgerichtet war, hatte keine Geltung. Im Traum taucht nun in Gestalt dieser Dorfkinder die spontane Kindhaftigkeit wieder auf und macht ihn darauf aufmerksam, daß außer seinem Verstand und Willen Kräfte in ihm sind, die er sich als Ergänzung nur wünschen kann.

Das Kind kann auch als Symbol im Sinne eines Wegweisers zu einer neuen Entwicklung auftauchen. So träumte eine Frau in ihrer Analyse, nachdem sie Ängste, die ihre Entfaltung hemmten, abgebaut und mehr Kontakt zu ihrem Unbewußten gefunden hatte: „Ich gehe im Gewirr der Straßen unter vielen Menschen und weiß nicht, wohin ich gehen will und soll. Da kommt ein Kind, etwa 8 Jahre alt, faßt mich bei der Hand und führt mich ganz sicher durch die Menge in eine bestimmte Richtung. Ich habe im Traum das Gefühl: Lasse dich von dem Kind führen. Es ist gut so. Das Kind weiß den Weg. Ich erwache zufrieden und beglückt." Im Bild dieses Kindes, das zum Führer und Wegweiser wird, ist die Ganzheit und damit die Möglichkeit aller Entwicklungen enthalten. Hier vermittelt das Unbewußte die Chance der heilenden Kräfte unabhängig von Verstand und Wille. In ihrer Kindheit hatte die Analysandin viele Dressate aus dem Elternhaus übernommen und kein Vertrauen zu ihren unbewußten Kräften entwickelt. Im Traum kann sie sich der Führung im eigenen Innern ganz überlassen.

Während dieser Träumerin durch ihr Offensein für die Suche nach dem Weg Hilfe zukommt, wird im folgenden Traum einem jungen Mann deutlich gemacht, wie sehr er es sich in einer Fixierung behaglich gemacht hat und ihm die Bereitschaft zur Aufgabe bisheriger infantiler Annehmlichkeiten fehlt. Er träumt: „Ich liege in einer Hängematte und stelle fest, daß dies ein Spinnennetz ist." Auf die Aufforderung hin, diesen Traum zur weiteren Verarbeitung doch zu malen, bringt der 23jährige Mann zur nächsten Sitzung ein Bild mit, auf dem er neben die Hängematte eine Riesenspinne, hinter diese wiederum eine dunkle Frauengestalt gemalt hat. Diese Gestalt empfindet er als bedrohlich. Spontan erklärt er von sich aus: „Das ist meine Mutter." Damit kann man die im Bild vom Unbewußten aufgezeigte Situation verstehen: Der Mann liegt zwar in einer Hängematte, aber gleichzeitig im Spinnennetz, das seine Mutter gesponnen hat.

Die Verwöhnung durch die Mutter hatte in der Entwicklung dieses Mannes zu einer starken Bindung an sie geführt, der sich weder der Sohn noch die Mutter bewußt waren. Da der Vater in seiner egozentrischen Art seine Frau nicht als Partnerin gelten ließ, suchte diese im Sohn einen Ersatz für ihren Mann. Der Sohn wiederum flüchtete sich gern in die offenen Arme der Mutter, da der Vater ihn in seinen Forderungen ängstigte. Sohn und Mutter gaben sich gegenseitig Hilfestellung. Der Traum will bewußt machen, wie teuer die Verwöhnung erkauft wird. Der Genuß der regressiven Haltung fordert als Opfer die Abhängigkeit von der Mutter und aus der Übertragung dieser Haltung auch von späteren Ersatzfiguren. Im Lauf der Jahre muß diese Unselbständigkeit zu einem starken Minderwertigkeitskomplex führen und zur Unfähigkeit des Aufbaus eines eigenen Lebens. Wenn dem Träumer dieses Bild seines Unbewußten nicht zur ihn bewegenden Erkenntnis wird, bleibt er im Spinnennetz seiner Mutter hängen.

Die Spinne legt ihr Netz aus. Die Beute verfängt sich darin. Sie wird eingesponnen und ausgesaugt. So wird die Spinne zum Symbol für einen negativen Mutteraspekt und vertritt die Mutter, die ihr Kind in ihrem Netz umgarnt und nicht losläßt. Die Verwöhnung durch die Mutter kann für den Entwicklungsprozeß genau so hinderlich sein wie das Hungerleiden bei zu wenig Zuwendung. Die Fixierung in der verwöhnenden Form ist meist schwerer zu erkennen. In allen Bildern, die den Kampf mit der Spinne zum Thema haben, wird der Träumer darauf hingewiesen, daß er selbst diese Befreiung aus dem Netz der Spinne vollziehen muß.

Wie schwierig es ist, mit der Spinne fertig zu werden, zeigt dieser Traum: „In meiner Wohnung ist eine schwarze Spinne. Ich will sie entfernen. Dabei wird die Spinne immer kleiner. Ich stülpe einen Becher über sie, schiebe ein Blatt Papier am Boden entlang darunter und will sie so ins Freie tragen. Da sehe ich, daß sich die Spinne in meinem Wohnzimmer wieder in voller Größe wie eine Vogelspinne frei bewegt."

Diese Frau steht seit Jahren in der Auseinandersetzung mit ihrer Mutter um ihre Verselbständigung. Sie hat zwar die räumliche Trennung vollzogen und wohnt fern von ihrem ursprünglichen Heimatort. Die Mutter mischt sich aber auch aus der Ferne immer noch ein. So hatte sie kurz vor diesem Traum ihrer Tochter vorgeschlagen, sie solle sich eine neue Einrichtung für ihr Wohnzimmer kaufen. Sie werde ihr dazu einen Zuschuß geben und wisse auch schon eine Möbelfirma, bei der es das Richtige gäbe und zu der ihr Bekannter Beziehungen habe. Die Einmischung der Mutter zeigt das Unbewußte dieser Frau sofort bildgerecht auf: Die „Spinne" will sich in voller Größe in eben diesem Wohnzimmer wieder breitmachen.

Ablösung und Abgrenzung

Die Entwicklung des Menschen ist gekennzeichnet durch Ablösungsprozesse, durch Zurücklassen und durch damit möglichen Neubeginn. Das Streben nach Eigenständigkeit ist wichtig, damit wir uns vor Abhängigkeit schützen. Wer über die sinnvolle und fruchtbare Zeit hinaus in einer Phase gebunden bleibt, wird damit in seiner Entfaltung behindert.

Das Wachsen und Zunehmen führt natürlicherweise körperlich wie psychisch zu einer Ablösung aus dem Elternhaus. Dieser Prozeß ist zunächst zeitgerecht in der Kindheit und Jugend anzusetzen. So träumte ein Junge von sieben Jahren: „Ich fahre in einem Jeep zusammen mit einem Neger an einem alten Haus vorbei. Aus diesem ruft eine komische Stimme: Mach mich neu! Mach mich neu! Ich komme bei der Fahrt immer wieder an anderen Häusern vorbei, die dasselbe rufen. Schließlich rufe ich beim nächsten Haus schon selbst von weitem: Ja, ich weiss schon: Mach mich neu, mach mich neu!"

Ähnlich wie im Märchen von Frau Holle die Brote aus dem Backofen sich melden „Hol uns heraus!", kommt hier im Traum die Aufforderung an das Kind aus dem alten Haus, es zu verändern und ein neues daraus zu machen. Mit sieben Jahren ist die Schulreife erreicht. Die stundenweise Entfernung vom Elternhaus findet regelmäßig statt. Der Lebensraum wird größer. Das seither an der Mutter orientierte, vielleicht auch an sie gebundene Kind lernt andere Personen und Maßstäbe kennen. So ist für diese Altersstufe der innere Wunsch nach Veränderung des seitherigen Rahmens natürlich. Im Bild wird dies durch das Haus ausgedrückt. Der Junge ist für sein Unternehmen gut ausgerüstet. Er verfügt über ein starkes, geländegängiges Fahrzeug.

Mit ihm kommt man überall durch. Sein Begleiter symbolisiert die tieferen Schichten, in denen seine Vitalität wurzelt.

Wenn die Ablösung nicht altersentsprechend in Kindheit und Jugend stattfindet, kann sie sich später über Phasen des Erwachsenseins hinziehen. Daher finden wir häufig auch in Träumen von Erwachsenen dieses Thema angesprochen. Eine 30jährige Frau träumte: „In meinem Elternhaus sieht es nach Auszug aus. Die Möbel sind zum Teil schon weg oder abholfertig bereit gestellt und mit Decken zugedeckt. Meine Mutter lebt nicht mehr, mein Vater wird ausziehen. Ein kleines Bild, dessen Umrisse man noch an der Stelle an der Wand, wo es hing, sehen kann, liegt auf einer zugedeckten Kommode. Ich nehme es in die Hand und schaue es genau an. Es ist das Bild, da Jesus durch ein Kornfeld geht, die Hand segnend erhoben, seine Jünger hinter ihm. Ich bin versucht, es wieder an den alten Platz zu hängen, tue es aber dann doch nicht. Im Nachtkästchen meines Vaters finde ich eine Tafel Schokolade. Ich fühle mich nicht wohl in dem Haus."

Zunächst sieht es so aus, als ob die Eltern ausziehen, während die Träumerin im Haus bleiben will und sich vielleicht mit eigenen Möbeln einrichtet. Am Ende kommt jedoch durch, daß sie sich in diesem Haus nicht wohl fühlt. Die Beziehung zur Mutter ist kurz abgetan: Diese ist tot. Zum Vater bestehen mehr Verbindungen. Der Wunsch, hinter dem Vater wie die Jünger hinter Jesus durch die Welt zu gehen und damit unter seiner Führung und seinem Schutz zu stehen, kommt auf. Diese Frau hat den Vater in ihrer Kindheit sehr erhöht und wohl den Wunsch nach einer umfassenden Geborgenheit gehabt. Sie ist versucht, das Bild wieder an seinen Platz zu hängen und es damit wieder in seine Wirkung einzusetzen. Neben dem Verzicht auf diese schützende Funktion des Vaters, der hier angesprochen ist, würden auch bei einem Auszug aus dem Haus die kleinen Zuwendungen im oralen Bereich, die wie diese Schokolade noch versteckt sein können, wegfallen.

Der Ablösungsprozeß dieser Frau geht in den Träumen weiter: „Wir haben in meinem Elternhaus eine Familienfeier mit großem Essen gehabt. Danach will ich zu mir nach Hause fahren. Ich weiss aber nicht, wo ich wohne. Es kann in Stuttgart sein oder in München. Am Bahnhof kehre ich wieder um und gehe zurück." Ohne zu wissen, wohin man gehört, und ohne bei sich selbst zu Hause zu sein, fällt die Ablösung recht schwer. Die Zugehörigkeit zur Familie, wie sie in der Feier mit dem großen Essen zum Ausdruck kommt, zeigt eine Fixierung in der frühen Kindheit auf. Es bedarf einer längeren Auseinandersetzung damit, bis die Frau in eine eigene Wohnung ziehen kann:

„Ich beziehe mit einer Freundin eine neue Wohnung, die aber noch im Rohbau ist. Wir sind gerade dabei, die Wohnung anzuschauen, und müssen über einige Hindernisse gehen, die auf der Baustelle sind. Wir suchen ein paar Bretter zusammen, die wir so legen können, daß eine Art Brücke zum Hauseingang entsteht. Trotz dieser Mühe sehen wir, daß die Wohnung schön und sonnig wird." Die Bilder, welche das Unbewußte hier zur Darstellung des Fortgangs der Entwicklung zur Verselbständigung hin verwendet, sind so einfach und ausdrucksvoll, daß eine Übersetzung nicht notwendig ist. Sie können verstanden werden, wie sie dastehen. Die Entscheidung für eine eigene Wohnung ist gefallen. Das Haus ist im Rohbau. Damit steht der Rahmen. Der Zugang ist noch erschwert. Hier muß eine Brücke gebaut werden. Die Hilfe dabei leistet eine Freundin, nicht die Eltern. Die Beziehungspersonen werden nicht mehr in der vorhergehenden Generation, sondern in der eigenen, gleichaltrigen gesucht. Man erlebt nicht nur die Schwierigkeiten und Hindernisse. Auch die Freude über das Gelingen ist da: Die Wohnung wird schön und sonnig. Die Träumerin bekommt damit den Hinweis, daß von ihr in dem neuen Lebensbereich eine Möglichkeit zum Sonnenhaften entwickelt werden kann. Das bedeutet Helligkeit, Wachheit, Übersicht und Klarheit im Erkennen – alles dem Männlichen zugeordnete Verhaltensweisen, die sie seither von ihrem Vater erwartet hatte. Durch die Entwicklung und Integration eigener „sonniger" Anteile wird sie unabhängig vom Vater und entsprechenden Ersatzfiguren. Sie gleicht damit den bisherigen Mangel auf diesem Gebiet aus und befreit sich so von einer unbewußten Suche nach dem Vater und von der Werbung um seine Anerkennung.

Die Sicherheit des Umzugs in die neue Wohnung erleichtert das Aufgeben der vorhergehenden. Um darzustellen, wie unbeirrbar und vollständig der Ablösungsprozeß vom Unbewußten im Traum aufgezeigt wird, sei auch der Text des vierten Traums in dieser Serie derselben Frau wiedergegeben: „Ich muß in meine alte Wohnung, um dort eine selbstgebastelte Landkarte zu holen. Ich habe noch den Hausschlüssel und kann dadurch hinein. Die Wohnung ist leer. Sie kommt mir ganz anders vor, viel kleiner, eher wie ein Dachkämmerchen. Ich nehme die Karte von der Wand. Dann gehe ich. Unterwegs treffe ich den Hausmeister. Ich gebe ihm die Schlüssel mit der Versicherung, daß ich jetzt nicht mehr komme, auch nicht mehr kommen kann, weil ich nun keine Schlüssel mehr habe."

Mit der Schlüsselübergabe ist die Veränderung zur eigenen Wohnung hin endgültig abgeschlossen. Die seitherige schrumpft in ihrer Bedeutung und wird dementsprechend als Dachkammer empfunden. Jetzt gibt es kein Zurück mehr. Dies wird am Schluß des Traumes ausdrücklich betont. Erwähnenswert im Text ist noch die Landkarte. Sie ist selbst angefertigt und soll von der alten Wohnung in die neue übernommen werden. Eine Landkarte dient der Orientierung. Die darin niedergelegten Erkenntnisse will die Träumerin auch im neuen Abschnitt ihres Lebens für sich fruchtbar machen können.

Wie hier in dieser Traumserie aufgezeigt, läßt das Bild des Suchens und Beziehens einer eigenen Wohnung die Ablösung leicht deutlich werden. Die verschiedenen Wohnmöglichkeiten lassen die einzelnen Stufen und die darin aufgezeigte Distanzierung vom Ausgangspunkt erkennen. So träumte ein erwachsener Mann zunächst, er suche sich ein eigenes Zimmer. Die nächste Stufe war eine Einliegerwohnung. Darin kann man schon eher leben und nicht nur zum Übernachten unterkommen. Als Fortsetzung in dieser Verselbständigung folgte eine Wohnung in derselben Stadt, in welcher auch die Eltern wohnten. Den Abschluß bildete ein Umzug in eine eigene Wohnung in einer fremden Stadt.

Nicht immer geht der Auszug so einfach und glatt vor sich. Ein Mann sah sich im Traum auf dem First des Hausdaches sitzen. Er hatte nur den einen Wunsch, daß ein Kran käme und ihn herunterhole. Sein Versuch des Ausstiegs hatte ihn nach oben geführt, wo er doch Boden unter die Füße hätte bekommen sollen. Der Zustand der Verstiegenheit wird ihm vom Unbewußten nahegebracht.

Während in diesen Serien von Träumen die Ablösung vom Ausgangspunkt von Station zu Station sich vollzieht, wird in anderen Beispielen der Weg zwischen den einzelnen Stufen mehr betont. Daß der Mensch sein Leben in dieser Welt häufig als ein Unterwegs-sein versteht, habe ich in meinem Buch „Der Weg zur Mitte"*ausführlicher aufgezeigt. Einen Traum, der vor allem die Sicherheit ausstrahlt, welche ein Mensch empfindet, wenn er seinen Weg als Gegebenheit annimmt, möchte ich doch wiedergeben: „Ich habe einen Heimweg zu gehen, der durch eine etwas verwilderte Gegend führt. Mein Wegweiser ist ein Bach. Es gibt in der Gegend viel unübersichtliches, hohes Buschwerk. Aber ich bin beruhigt, denn ich habe meinen Hund dabei. Er führt mich sicher dahin, wohin ich will. Einmal müssen wir über den Bach springen. Ein andermal begegne ich auf dem dunklen Waldweg einer fremden Person. Aber ich habe keine Angst, weil der Hund eng an meiner Seite geht."

Der Weg führt nicht in das Unbekannte und Ungewisse, sondern ist ein „Heimweg" in eine vertraute Geborgenheit. Die Orientierung wird gegeben durch den Bach: Am Wasser als dem Symbol des Unbewußten entlang ist man auf dem richtigen Weg. Der andere Führer ist der Hund, das Bild ihrer Instinkte und Fähigkeit zur Witterung. Mit Hilfe dieser elementaren Kräfte kommt man zum Ziel, aber nicht wohin der Hund will, sondern „dahin, wohin ich will". Das heißt, daß eine bewußte Zielsetzung vorhanden ist, während die Triebkräfte ihren Platz in diesem Zusammenspiel haben. Bei diesen Voraussetzungen kommt keine Angst auf, auch wenn die Gegend Überraschungen in sich birgt.

Daß man auch das Durcharbeiten des bisherigen Lebenswegs in einer Analyse als nachvollziehen einer Reise verstehen kann, zeigt folgender Traum: „Ich mache mit meinem Analytiker eine Reise zusammen mit einer kleinen Gruppe. Der Analytiker als

* Willy H. Fischle, Der Weg zur Mitte, Wandlungssymbole in tibetischen Thangkas, Belser Verlag Stuttgart 1980.

Reiseleiter erklärt uns einiges über die Geschichte der Stadt, durch die wir gehen."

Wenn der Weg die Lösung aus der seitherigen Umgebung und den Gang in eine neue, unbekannte Welt bedeutet, ist er erfahrungsgemäß mit Angst besetzt. Jede neue Stufe hat ihre Schwelle, über die man muß und an der sich die Angst vor dem Neuen zeigt. Die Verunsicherung begleitet den Träumer auf seinem Weg: „Ich gehe einen schmalen Pfad am Abgrund entlang. Es ist mitten in der Nacht und doch hell. Ich habe Angst, daß dies ein Zeichen für den Weltuntergang sein könnte." Die Auflösung der seitherigen Eingebundenheit wird hier sehr stark empfunden. Die Veränderung ihrer Welt sieht diese Frau wie eine Götterdämmerung, in der die alte Anschauung im Licht des Bewußtseins untergeht.

Auch das Symbol der Brücke ist ein wichtiges Bild auf dem Entwicklungsweg. Eine Frau träumte, sie will von der Insel, auf der sie seither gelebt hat, zum Festland. Als Verbindung gibt es eine Brücke. Sie entschließt sich, über diese Brücke zu gehen. Als sie mitten auf der Brücke steht, schließt sich vor ihr ein Tor, so daß sie nicht weitergehen kann. Sie wendet sich um und stellt fest, daß sich am Anfang der Brücke, von wo sie ja kommt, ebenfalls ein Tor vorgeschoben hat. Damit kann sie nicht auf das Festland, aber auch nicht auf die Insel zurück. In diesem Festgehaltensein hat sie die Vorstellung, daß sie kleine Krokodile von der Brücke aus in das Wasser werfen muß. Der Anfang des Traumes ist verhältnismäßig leicht zu verstehen, wenn man die Lebensgeschichte und aktuelle Situation der Träumerin kennt. Nach starker Einengung im Elternhaus durch die Mutter lebt sie heute isoliert. Sie hat wenig Kontakte und scheut sich, Beziehungen einzugehen. Nun möchte sie im Traum von ihrer Insel herunter und zum Festland, wo sie Kontakt mit anderen Menschen aufnehmen könnte. Dazu muß sie über die Brücke. In diesem Symbol steckt die Möglichkeit und hier bei der Analysandin auch der Wunsch nach einer Verbindung. Diese gelingt nur, wenn etwas zurückgelassen wird, in diesem Fall die schützende Insel samt der damit verbundenen Einsamkeit, um einen Neubeginn zu wagen. Sprachlich ist uns das Bild vertraut als „Weg zu neuen Ufern". Das Hinübergehen wird jedoch erschwert, zunächst sogar unmöglich gemacht. Das Unbewußte stellt noch eine Aufgabe, die vorher erledigt werden muß. Wenn man Kontakt mit anderen Menschen aus dieser Isolierung heraus aufnehmen will, muß man die kleinen Bitterkeiten, die sich im Lauf der Jahre angesammelt haben und zu unbewußter Aggressivität geworden sind, vorher in Gestalt der Krokodile abwerfen. Sie würden die Aufnahme von Kontakten erschweren, vielleicht auch unmöglich machen. Diese Aktion ist notwendig, wenn die Träumerin mit anderen in Verbindung kommen will.

Vor allem dort, wo Störungen in der eigenen Entwicklung vorliegen, wird der Weg zu einer Lösung oft zur Suche nach sich selbst: „Ich komme auf meinem Weg zu einem Burgschloß. Dort bestehen für Besucher streng abgeteilte Bereiche. In einen bestimmten Bereich darf man bei Androhung der Todesstrafe nicht hinein. Über allem liegt ein Geheimnis. Ich spüre, daß da etwas nicht stimmt und daß mir etwas vorenthalten wird. Ich steige trotz der Drohung seitlich durch und klettere in unterirdischen Gemäuern herum immer in der Gefahr, erwischt und dann zum Tod verurteilt zu werden. Plötzlich entdeckt mich eine Gouvernante. Sofort wird die Verfolgung nach mir aufgenommen, natürlich alles im Geheimen, da nichts nach außen gelangen darf. Ich steige enge Treppen hinunter, immer hastig weiter. Ich weiß, ich muß den Thronfolger, der hier verborgen wird, finden, sonst bin ich verloren. In einem Gewirr von Mauern bewege ich mich wie in einem Labyrinth. Die Verfolger im Nacken stürze ich weiter hinunter und finde dort einen Jungen. Ich ziehe ihm das Hemd zur Seite: Er hat das Muttermal, welches ihn ausweist. Die hereinstürmenden Verfolger sind bestürzt und überführt. Sie haben ihre Macht mißbraucht und den Thronfolger in Unwissenheit abseits des Lebens aufgezogen."

Im Gegensatz zu den beiden ersten Träumen vom Weg ist hier die Problematik der Lebensgeschichte mit ihrem vollen Gewicht zu spüren. Dieser Mann kannte seinen Vater nicht, da er im Krieg gefallen ist. Die Mutter band den Sohn völlig an sich und zog ihn in der am Schluß des Traumes genannten „Unwissenheit abseits des Lebens" auf. Sie steht als Gouvernante an der Spitze der Verfolger, wenn der Sohn auf der Suche nach sich selbst in die ihm vorenthaltenen Bereiche eindringen will. Ein langer

Weg in die Tiefe und durch das Labyrinth führt ihn schließlich an den Ort, wo er sich selbst als kleinen Jungen in Gestalt des Thronfolgers findet, der gefangen gehalten wurde. Er muß nun sich selbst aus seiner Isolierung und seinem Eingesperrtsein befreien und seine Identität über das „Muttermal" nachweisen, um den Weg in seine Welt und in sein Leben zu finden.

Nun geht der heutige Mensch seinen Weg im Alltag nicht mehr zu Fuß, sondern legt ihn meist im Auto zurück. Deshalb spielt das Auto in der Darstellung der Ablösung und Verselbständigung im Traum oft eine ähnliche Rolle wie die eigene Wohnung oder das eigene Haus. Die Blockierung durch die Mutter sieht über das Bild des Autos folgendermaßen aus: „Ich komme zu meinem Wagen, den ich auf einem Parkplatz abgestellt hatte. Da sitzt bereits eine dicke, behäbige Frau hinter dem Lenkrad und will gerade starten. Ich zwänge mich schnell durch die Tür auf den Beifahrersitz. Sie fährt bereits los. Ich erkläre ihr, daß dies mein Fahrzeug sei und daß sie diesen Wagen mit ihrem verwechsle. Sie hört gar nicht zu und fährt stur weiter ihren Weg."

Nach den Einfällen, die der 20jährige zu diesem Traum hat, ist mit der Frau eindeutig die Mutter geschildert. Sie „besitzt" den Wagen, auch wenn er nach dem Kraftfahrzeugbrief dem jungen Mann gehört. Auch in übertragenem Sinn will die Mutter den Sohn nicht an das Steuer lassen. Infolge der Hemmung durch die Mutter ist er nicht in der Lage, seine Verselbständigung durchzusetzen. Im Bild gelingt es ihm nicht, auf den Fahrersitz zu kommen und so Einfluß auf Fahrweise und Lenkung zu nehmen. Solange er in diesem Wagen mitfährt, landet er dort, wohin die Mutter lenkt.

Auch einer 50jährigen Frau geht es nicht anders. Im Traum sitzt ihre Mutter am Steuer, sie auf dem Sitz daneben. Die Mutter fährt in die Gegend, aus der sie stammt. Die Analysandin findet den Weg schön. Selbst als die Mutter auf dem neben der Straße verlaufenden Grünstreifen weiterfährt, wendet sie nichts ein. Hier ist und bleibt alles auf die Mutter ausgerichtet. Wo der junge Mann wenigstens protestiert, ist die Frau mit der Richtung einverstanden und findet den Weg schön. Sie kann sich gegen die eigenwillige und gefährliche Fahrweise der Mutter nicht wehren.

Die Erfahrung, von der Mutter gesteuert und in einer Bahn fixiert zu sein, erlebt dieselbe Frau kurz danach in einem anderen Bild: „Ich fahre in einem schmalen Boot. Hinter mir sitzt eine Frau, die steuert. Das Boot wird von unsichtbarer Kraft angetrieben. Es fährt in einem schmalen Wasserlauf wie in einem Kanal dahin. Die Zwischenräume zwischen Boot und der Begrenzung an den Seiten ist so gering, daß das Boot links und rechts immer wieder anstößt. Irgendwo – so habe ich das Gefühl – fließt neben diesem Kanal der Rhein in seiner vollen Breite."

Nachdem im vorhergehenden Traum dieser Frau die Mutter das Steuer fest in Händen hält und die Fahrtrichtung bestimmt, ist es sicher richtig, auch jetzt in der Frau, die hinter der Träumerin sitzt und steuert, die Mutter zu sehen. Neben diesem Steuern durch die Mutter ist im Bild des Kanals die Begrenzung und Einengung, unter der unsere Analysandin zu leiden hat, anschaulich ausgedrückt. Hier gibt es keinen Spielraum. Von selbständiger Entscheidung oder Verantwortlichkeit kann in diesem Stadium der Entwicklung, wie sie im Traum dargestellt ist, keine Rede sein. Allerdings bedeutet die Kanalisierung auch eine Absicherung. Das Risiko bei einer Fahrt auf einem Wildwasser wäre wesentlich größer. So läuft das Leben in enger Begrenzung dahin. Nur ein Ahnen am Schluß des Traumes läßt die Möglichkeiten durchkommen, die diese Frau hätte, wenn sie sich in ihrem Boot frei auf einem breiten Strom bewegen könnte.

Das Bild des Autos läßt sich in vielfacher Hinsicht benützen, um Machtverhältnisse innerhalb der Familie oder der Partnerschaft auszudrücken. Die Verteilung der Plätze kann als Abbild der Rollenverteilung verstanden werden. Wer das Steuer in der Hand hat, bestimmt die Fahrweise und das Ziel. Wir erlebten in den beiden vorhergehenden Träumen, wie die Mutter die Dominanz ihrer Position auch am Steuer beibehält. Oft macht sie ihren Einfluß auch noch vom Rücksitz des Wagens geltend, indem sie dem Sohn oder der Tochter, die am Steuer sitzen, von hinten über den Rücken weg in die Lenkung greift. Gelegentlich ist in einer Partnerbeziehung das Lenken dem einen, das Beschleunigen über das Gaspedal dem andern zugeordnet. Auch der Verlauf einer Analyse kann sich in einer Serie von Träumen widerspiegeln, indem sich der Analysand aus einer passiven Haltung auf der Rückbank oft gegen den Widerstand von Eltern oder anderen Beziehungspersonen zum Fahrersitz vorarbeitet.

Zur Veranschaulichung dieser Zusammenfassung sollen einige Beispiele dienen. Eine 34jährige Frau, die in einer Familie mit sechs Kindern aufgewachsen war, träumt ihren Kampf um die Verselbständigung: „Ich fahre mit meinen Eltern und einem meiner Brüder in die Stadt. Vaters Auto, das wir dazu benützen, ist ein mittlerer Omnibus. Vor der Abfahrt werden die Plätze so eingenommen, daß der Vater auf dem Fahrersitz, der Bruder neben ihm, wir Frauen hinten Platz nehmen. Beim Anfahren sagt der Vater plötzlich, ich solle fahren. Er will aber trotzdem auf seinem Platz bleiben. Ich soll von hinten über ihn weggreifend steuern. Ich mache das auch. Es geht natürlich sehr schlecht. Ein paarmal will ich aufgeben, doch der Vater überredet mich immer wieder weiterzufahren. Schließlich wird es mir zu gefährlich. Ich sage meinem Vater sehr entschieden, er solle vom Fahrerplatz weg. Mit viel Gefuchtel und heftigem Ausdruck von Mißfallen rückt er schließlich zu meinem Bruder auf den Beifahrersitz hinüber."

Daß die Männer in der Familie das Steuer in der Hand haben, scheint in dieser Familie selbstverständlich. Der Vater hätte zwar ganz gern, daß die Tochter auch fahren kann, doch seinen angestammten Platz will er dafür nicht räumen. So hat die Tochter alle Mühe und bedarf verschiedener Anläufe, um sich schließlich den Platz auf dem Fahrersitz zu erkämpfen.

Ganz ähnlich halten auch bei einer anderen Frau Männer die vorderen Plätze im Wagen besetzt: „Ich sitze im Fond eines Autos auf der linken Seite und lenke das Fahrzeug sozusagen von der zweiten Reihe aus. Vor mir auf dem eigentlichen Fahrerplatz sitzt ein unbekannter Mann, neben diesem auf dem Beifahrersitz mein Chef. Dieser sagt mir immer wieder, wann ich schalten soll. Ich tue dies dann von meinem Platz auf dem Rücksitz aus."

Diese Frau hat im Traum das Steuer zwar in der Hand, sitzt aber auf dem falschen Platz. Sie traut sich noch nicht in die erste Reihe, sondern bleibt im Hintergrund. Dabei mag die weit verbreitete Meinung mitspielen, daß der Mann mehr Eignung und

Anrecht zum Einnehmen des Führungsplatzes besitze. So hat diese Frau auf den Fahrerplatz einen unbekannten Mann als Vertreter des Männlichen gesetzt, der nichts bewirken kann, aber ihr diesen Platz blockiert. Daneben befindet sich ihr Chef als autoritäre Figur, die beim Schalten auch noch mitredet. Die Lenkung hat sie immerhin schon selbst in die Hand genommen. Das Bild der Platzverteilung in diesem Auto zeigt ihr den Stand ihrer persönlichen Entwicklung auf. Daß Männer glauben, ihrer Frau sagen zu müssen, wann sie schalten soll, kommt nicht nur im Traum vor. Wer nun aber glaubt, dieses Problem durch Einbau einer automatischen Schaltung lösen zu können, irrt sich. Wenn sich jemand in Beziehungen als Besserwisser erleben und den Partner bevormunden will, wird er dies auf anderen Gebieten des Zusammenlebens einbringen und agieren. Eine Veränderung ergibt sich nur dadurch, daß der einzelne bereit ist, sein Verhalten von dem unbewußten Machtbedürfnis her aufzuarbeiten.

Das Gegenbeispiel, bei welchem weibliche Beziehungspersonen den Fahrerplatz besetzt halten und die Entwicklung eines Mannes damit verhindern, bringt folgender Traum eines 40jährigen Mannes: „Meine Familie steigt in den Wagen. Ich muß noch das Gepäck im hinteren Teil des Wagens verstauen. Dies will ich während der Fahrt machen, damit wir schon fahren können. Meine Frau setzt sich an das Steuer und fährt. Dann bin ich fertig mit dem Gepäck und steige über den Sitz nach vorn, um meine Frau abzulösen. Ich sehe, daß dies im Fahren zu gefährlich ist und steure auf einen Parkplatz zu. Dort halten wir an. Als ich das Steuer übernehmen will, sitzt meine Schwester auf dem Fahrersitz. Der Wagen beginnt, nach hinten zu rollen. Ich greife nach der Handbremse. Doch diese zeigt keine Wirkung. Wir rollen rückwärts weiter über das Bankett und einen Abhang hinunter. Auf einem tiefer liegenden Acker kommen wir zum Stehen."

Der Mann ist zunächst noch mit dem Ballast, den ihm das Leben aufgebürdet hat, beschäftigt. In diesem Stadium ist er froh, daß seine Frau das Steuer übernimmt, damit man überhaupt vorankommt. Die Führung durch eine Frau ist ihm von Kindheit her geläufig, da er nur mit Mutter und Schwester ohne eine männliche Beziehungsperson aufgewachsen ist. Fahren im Sinne einer Verselbständigung hat er nie lernen dürfen, weil Mutter wie Schwester das Steuer in der Hand behielten und er sich diesem Verhalten anpasste, da es für ihn recht bequem war. Seine Frau wäre im Traum ja bereit, ihn auf den Fahrersitz zu lassen. Im Wechseln jedoch wird deutlich, daß dieser Platz durch die Schwester besetzt ist. Nicht das Verhalten seiner Frau in der Gegenwart hindert diesen Mann an seiner Entwicklung, sondern die Belastung, welche er vom Elternhaus her mitbringt. Das hemmende Verhalten seiner Schwester ihm gegenüber überträgt er auf seine Frau und meint, diese sei daran schuld, daß er nicht weiterkommt. Der Traum zeigt deutlich, daß es mit der Schwester am Steuer rückwärts und abwärts geht. Da hilft keine Handbremse. Der Wagen rollt zurück und kann nicht nach vorn fahren. Solange die Schwester das Steuer in Händen hält, ist der Träumer von der Vergangenheit bestimmt und nicht auf die Zukunft ausgerichtet. Der Wagen bleibt auf dem Acker stecken.

Der analytische Prozeß, der hier vom Unbewußten aufgezeigt wird, ist damit nicht zu Ende. Nach Frau und Schwester müßte nun in dieser Reihe als causa prima die Mutter erscheinen, denn sie hat letzten Endes diese ganze Fehlentwicklung ausgelöst. Die Reihenfolge beim Träumen entspricht dem Vorgehen beim Ausgraben in der Archäologie: Die neueste Schicht liegt oben und fällt zuerst in die Augen. Mehr Aussagen bringt die darunterliegende. Hat man sie bearbeitet und weggeräumt, stößt man auf die tiefer liegende vorhergehende Schicht, welche den Schlüssel für das Verständnis der gesamten Grabung enthält. So wirken auch umgekehrt jetzt gelesen die Grunderfahrungen der frühen Kindheit durch Übertragung in die aktuellen Beziehungen hinein. Die Bearbeitung der Mutterbeziehung und die Ablösung von ihr sind daher wesentliche Teile in der persönlichen Entwicklung. Cherchez la mère (Suche die Mutter) als Leitspruch der analytischen Arbeit bestätigt sich immer wieder.

Den Ablösungsprozeß nun einmal von der Mutter her zu betrachten, ist im nächsten Traum möglich: „An einem Tag der offenen Tür der Schule meiner Tochter stehe ich vor dem Schulgebäude und spreche mit verschiedenen Erwachsenen und Kindern. Plötzlich fährt ein VW-Bus los. Meine Tochter sitzt am Steuer, hinten sitzen Mitschüler. Ich bekomme einen großen Schreck, weil ich fürchte, daß sie sich mit der Technik des Fahrens nicht auskennt und den Wagen nicht zum Halten bringen kann. Daher laufe ich hinterher und überlege, was ich ihr zurufen kann, um ihr zu helfen. Der Bus macht einen Bogen und kommt wieder zurück. Noch während der Fahrt springen die Schüler heraus. Dann steht der Bus. Ich stelle meine Tochter zur Rede, warum sie das gemacht hat, obwohl sie wußte, daß dies nicht erlaubt ist. Sie gebraucht Ausflüchte und sagt, eigentlich sei es nur so gekommen, weil jemand Sekt mitgebracht habe. Vorher sah ich ein Polizeiauto durch die Straßen fahren."

Diese Frau erlebt, wie ihre im Beginn der Pubertät stehende Tochter das Steuer in die Hand nimmt. Der Wagen ist noch kein individuelles Fahrzeug mit 2 oder 4 Sitzen, sondern ein Kleinbus, in welchem noch eine ganze Gruppe Mitschüler Platz nimmt und mitfährt. Dies entspricht dem Stand der Entwicklung: Das Mädchen lebt noch in der Gruppe und ist erst dabei, sich daraus zu lösen.

Für die Mutter kommt dieser Ansatz der Tochter zur Verselbständigung überraschend. So geht es in der Regel den meisten Eltern. Man hat zwar in Büchern gelesen, daß diese persönliche Entwicklung zur Selbständigkeit in der Pubertät notwendig und sinnvoll ist. Aber wenn der Prozeß dann tatsächlich in der eigenen Familie einsetzt, kommt er doch plötzlich und unerwartet. Die Träumerin reagiert als Mutter mit Schreck, läuft hinterher und will helfen. In diesem Bild wird ihr vom Unbewußten ihr Verhalten deutlich gemacht. Sie beruft sich auf die autoritären Spielregeln. Was die Tochter tut, ist „nicht erlaubt". Zur Unterstützung dieser Auffassung war eingeblendet im Traum ein Auto der Polizei als Vertreterin der staatlichen Autorität durch die Straße gefahren. Die Tochter kann ihr Verhalten auch nicht kausal begründen. Für sie lag es am Gärungsprozeß der Pubertät, die wie Sekt in aufsteigenden Perlen Impulse gibt. Bei der Bearbeitung des Traums ist zu spüren, daß ein gewisses Verständnis für das Verhalten der Tochter vom Unbewußten der Mutter bereits eingebracht wird.

Außer der Verselbständigung und der Rollenverteilung in der Machtposition kann durch das Auto auch das Bild der eigenen

Person dargestellt werden. Das wird im bewußten Leben oft schon so empfunden und auch formuliert. Ein Architekt äußerte, er müsse mit seinem Auto repräsentieren und könne nicht einen an sich für seine Zwecke ausreichenden Mittelklassewagen fahren. „Ich muß als Architekt einen größeren Wagen fahren, sonst meinen die Leute, ich baue nur mickrige Häuser."

Ein 27jähriger Mann, der im Aufbau seiner äußeren Existenz und seiner Person steht, träumt, er fahre einen Mercedes 300. Diese Mitteilung seines Unbewußten sagt ihm, daß er mit seinen Ansprüchen und Zielsetzungen über seine gegenwärtigen Möglichkeiten hinausgreift. Er soll lernen, in seinen Erwartungen und seinem Gehabe zu seiner Altersstufe zu stehen, und sich bewußt werden, daß er mit dem großen Fahrzeug eine Vorgabe und Kompensation leistet von etwas, was er noch entwickeln muß. Er hatte sein ganzes Selbstwertgefühl über die Identifikation mit seinem Vater aufgebaut. Dieser fuhr in Wirklichkeit den großen Wagen. Der Träumer hat noch nicht die seinem Alter, seiner Entwicklung und seinem Können gemäße Form gefunden. Er lebt im Grunde aus der väterlichen Potenz. Bei der Suche nach dem Bezug zur Wirklichkeit, der in dem Text steckt, kann er erkennen, daß er gern in großer Aufmachung in Erscheinung tritt. Er will immer mehr darstellen als er in Wirklichkeit und ohne den Hintergrund seiner Familie ist. Nach Bearbeitung dieser Problematik träumt derselbe Mann wenige Wochen später, er fährt einen VW-Golf. Damit war er seiner Realität durchaus angepaßt. Zu seiner persönlichen Entwicklung ist noch zu ergänzen, daß er einige Zeit später einen weiteren Traum zu diesem Thema hatte, in welchem er mit dem Fahrrad fährt und sich dabei sehr wohl fühlt. Er meint dazu, daß ein aktiver Einsatz von ihm selbst besser ist als das passive Gefahren-werden durch das Auto.

Während im vorliegenden Fall ein junger Mensch am Bild der Größe seines Wagens lernt, sich seiner Altersstufe und Entwicklung entsprechend einzuordnen, muß im nächsten Traum ein älterer Mann sich altersgerecht zurücknehmen, indem er auf einen kleineren Wagen umsteigt: „Ich sehe, daß mein Nachbar, ein älterer Mann, statt seines großen Autos jetzt einen kleinen zweisitzigen Sportwagen einer sehr alten Baureihe fährt." Im Traum wird die Vorstellung, sich in der äußeren Erscheinung beschränken zu wollen, zunächst auf Distanz dargestellt, indem der Vorgang dem Nachbarn zugeordnet wird. Angesprochen ist jedoch der Träumer selbst. Das Unbewußte gibt zur Überlegung, sich auf ein kleineres Fahrzeug umzustellen. Auf die Außenwelt bezogen hat dies seine Richtigkeit, weil die Kinder aus dem Haus sind und ein großer Wagen nicht mehr notwendig, eher eine Belastung ist. Diese Deutung des Traumes allein wäre zu oberflächlich. Der Träumer wird darauf hingewiesen, sich in allen Bereichen seinem Alter gemäß zurückzunehmen. Dieser Mensch muß praktisch lernen, seine Aktionen in beruflicher Arbeit, in der Beziehung zu anderen Menschen, im Sport auf diese Tatsache hin auszurichten. Der Verweis auf sein eigenes Alter ist in der Baureihe des neuen Fahrzeugs diskret angedeutet.

Wir sehen an diesen Beispielen, daß das Unbewußte am Bild des Autos im Traum sehr viele Aspekte aufzeigen kann. Die Entwicklung der Verselbständigung wird geübt in der Verantwortung. Der Fahrer muß das Steuer voll in der Hand haben. Er muß selbst Gas geben, aber auch rechtzeitig bremsen. Keinen anderen darf er schädigen, doch er selbst soll auch nicht zu Schaden kommen. Er muß für Benzin sorgen, denn ohne Kraftstoff fährt der Wagen nicht. Dazu braucht er das nötige Geld oder psychologisch ausgedrückt die entsprechende Libido. Der Wagen sollte nicht zum Lastwagen werden, auf den man sich alles aufladen läßt.

Ein Autotraum, der nachdenklich machen kann, sei noch berichtet. Eine ältere Frau träumte: „Ich habe ein Auto in der Stadt meiner Kindheit und Jugend. Das fahre ich laufend. Der Tank füllt sich immer wieder von selbst, ohne daß ich etwas dazu tue." Diese Frau lebt längst nicht mehr in ihrer Heimatstadt. Aber ihr Unbewußtes scheint doch die Quelle ihrer Kraft und ihres Antriebs noch dort zu sehen. Nachdenklich macht der Traum, weil dieser Gesichtspunkt der Verwurzelung und Zugehörigkeit allzu oft unerkannt bleibt. Die Träumerin hat in ihrer Kindheit, die sie in einer kleinen Stadt verbracht hat, viele Erlebnisse von Verbundenheit mit Natur und Nachbarschaft gehabt. Aus diesem Einbezogensein fließen ihr heute noch, da sie in der Großstadt leben muß, Kräfte zu und füllen ihren Tank. Der Vorgang der Ergänzung der psychischen Kräfte vollzieht sich dadurch wie im Märchen. Das Hutzelbrot wächst über Nacht immer wieder nach. So füllt sich auch das Kräftereservoir dieser Frau. Sie darf nur nicht den Anschluß an ihr ursprüngliches Eingebundensein verlieren.

Die Ablösung und Selbstbehauptung, welche in diesen Träumen von Erwachsenen nachgeholt werden soll, beginnt im realen Lebenslauf in der frühesten Kindheit, nimmt ihren Fortgang über Trotzphasen und Pubertät, um nach weiterer Differenzierung der Grundfunktionen im Beginn der eigenen Wertorientierung ihren vorläufigen Abschluß zu finden. Ein nettes Beispiel zwischen Identität und beginnender Abgrenzung gab mir unsere einjährige Enkelin. Sie bot mir ein Stückchen ihres Zwiebacks an. Ich nahm es und steckte es so zwischen meine Lippen, daß es für sie noch sichtbar blieb. Zusätzlich machte ich sie durch Mundbewegungen auf das Stückchen aufmerksam. Ich wollte sie anregen und auffordern, es durch Zugreifen wieder zurückzuholen. Von mir aus war also das Spiel auf ein Hin und Her zwischen zweien angelegt. Das Kind reagierte ganz anders, als ich erwartet hatte. Bei sich selbst machte sie eine Bewegung mit ihrer Hand zum Mund, um das Stückchen hineinzuschieben. Für sie war ihr Mund und Hand gleichgesetzt mit meinem. Ob sie bei sich oder ich bei mir die Bewegung machte und den Zwieback in den Mund steckte, konnte sie nicht unterscheiden. So sehr lebte sie am Ende ihres ersten Lebensjahres noch in der Einheit von ihr selbst und ihrer Umwelt. Ich führe diese Beobachtung an, um aufzuzeigen, welch weiter Weg in der Entwicklung gegangen werden muß, um aus der Verflochtenheit mit der Umwelt zur Eigenständigkeit und Identität zu gelangen.

Wenn man die Identifizierung mit seiner Umwelt und seinen Beziehungspersonen auflösen will, muß man sich gegen sie stellen. Dies erfordert ein aggressives Verhalten. Alle Beteiligten empfinden es als leidvoll. Die Beziehungspersonen verstehen nicht seine Bedeutung und bekämpfen es daher mit allen Mitteln. Dadurch wird die Entwicklung an dieser Stelle in den Trotzphasen wie in der Reifezeit oft gehemmt und muß später nachgeholt werden. Eine 40jährige Frau erlebte im Traum diese Notwendigkeit: „Ich komme zur Analyse. Die Tochter des Analytikers ist auch da. Sie ist zwischen 10 und 11 Jahre alt. Auf dem Tisch steht ein Teil eines Hefekuchens. Die Tochter fängt mit mir Streit an um den Kuchen. Ich gehe darauf ein und zeige aggressives Verhalten. Ich beginne, mich mit ihr zu balgen. Dabei denke ich, jetzt sind die Aggressionen dran. Es macht mir Spaß. Die Balgerei wiederholt sich in abgewandelter Form mehrfach in anderen Räumen. Dann ist das Kampfspiel zu Ende, und das Mädchen geht weg."

Diese Frau bringt sich als Tochter des Analytikers im Lebensalter, da die Pubertät mit der auflösenden Phase beginnt, in den Traum ein. Damit ist sie im Bild zweimal vorhanden: als Erwachsene in ihrem vollen Lebensalter und als Mädchen von 10 bis 11 Jahren. Durch diese Regression auf das frühere Stadium ist es möglich, die seinerzeit nicht in vollem Maß erlebte Ablösung und Reifung nachzuvollziehen. Auf eine frühere Stufe zurückzugehen, wird im allgemeinen als negativ angesehen. Im Verhalten des Alltags ist es auch so. Wenn ein ausgewachsener Mann sich seiner Frau gegenüber als Trotzkind aufführt, ist dies keine Voraussetzung für eine Partnerschaft. Im analytischen Prozeß jedoch ist die Regression notwendig, um Verhaltensweisen und Mechanismen in dem Zeitpunkt anzusprechen und damit lösen zu können, da die Fixierungen entstanden sind. Die Regressionsfähigkeit ist ein wichtiger Gesichtspunkt in der Beurteilung der Prognose einer analytischen Behandlung. So lernt auch diese Frau unter dem Schutz des Analytikers, indem sie sich als seine Tochter träumt, sich zu behaupten, sich zu wehren und auch um ihren Anteil am Kuchen zu kämpfen. Ihr Vorgehen wird von ihr im Traum als Kampfspiel bezeichnet. Diese Traumbilder sind sehr ausdrucksvoll, da sie die Konfrontation des Kampfes ansprechen, gleichzeitig jedoch auch die spielerische Form betonen. Nur was wir spielerisch beherrschen, haben wir uns ganz angeeignet.

Die weitere Differenzierung im Verlauf der Reifezeit zeigt sich vor allem in der Entwicklung der Gefühlsfunktion. Während die Denkfunktion von früher Kindheit an über Kindergarten und Schule gefördert wird und jede Erweiterung ihre entsprechende Anerkennung bis zur Benotung findet, bleibt das Erleben mit der Gefühlsseite meist vernachlässigt und unterentwickelt. Die Entdeckung und Förderung dieser Funktion ist die wichtigste Tat der Psychologie in den letzten beiden Jahrzehnten. Wer hier für sich selbst oder seine Umgebung Nachholbedarf verspürt, kann sich durch entsprechende Bücher* weiterhelfen. Wie auch die in früheren Jahren vernachlässigte Gefühlsseite nachentwickelt wird, läßt sich an einer Folge von Träumen einer Analysandin aufzeigen. Im ersten Traum vergleicht sich diese Frau mit einer Puppe und stellt fest, daß sie genau so mechanisch reagiert wie diese. Empfinden und fühlen kann sie nicht.

In einem späteren Traum wird diese Gefühllosigkeit aufgegriffen: „Ich schaue auf einen Kinderchor und entdecke mich auch unter den Kindern. Alle haben gleiche Kleidchen an. Im Traum sehe ich ihnen an, daß sie nur die Melodie nachsingen. Ich denke, die Kinder können nichts dabei fühlen und deshalb auch nichts ausdrücken." Hier sieht sich die Frau in der Gruppe eingeordnet. Schon von der Bekleidung her sind alle Kinder uniform. Es ist noch keine persönliche Note in Form oder Farbe angedeutet. Der Prozeß ist immerhin von der toten Puppe zum lebendigen Kind fortgeschritten. Die Differenzierung zum einmaligen, persönlichen Bewußtsein ist noch nicht eingetreten. Ohne wenigstens in Ansätzen Gefühl zu entwickeln, kann man von sich selbst nichts mitteilen und sich den andern auch nicht darbringen. Es bleibt beim mechanischen Nachsingen.

Im nächsten Traum der Serie lösen sich die Beteiligten aus der uniformen Einheit: „Ich sitze mit mehreren gleichaltrigen Frauen im Gasthaus um einen runden Tisch. Jede bestellt etwas anderes." Noch sitzt man gemeinsam um den runden Tisch. Die Einordnung in die Gruppe bleibt gewahrt, doch die Individualität zeigt sich bei der Auswahl des Essens: Jede wählt nach ihrem Geschmack à la carte.

Nach diesem Ansatz zur eigenen Entscheidung geht der letzte Traum wieder in die Kindheit zurück: „Ich sitze als Kind am Klavier und gleichzeitig daneben als Erwachsene wie bei der

---

* Hildegund Fischle-Carl, Fühlen was Leben ist (Bedeutung der Gefühlsfunktion), Kreuz Verlag Stuttgart 1977 und Vom Glück der Zärtlichkeit, Verlag Herder 1984.

Klavierstunde. Das Kind dreht sich mir zu und sagt, es könne nicht mehr. Ich nehme es in die Arme." Wieder ist die Begegnung der Frau mit sich selbst als Kind im Traum dargestellt. Bei musischer Beschäftigung entwickelt sich die Emotion am leichtesten. Auf die Bemerkung des Kindes, es könne nicht mehr, reagiert die Frau mütterlich und nimmt das Kind und damit sich selbst in die Arme. Dieses Nachholen der Zuwendung für sich selbst und diese Annahme der eigenen Bedürftigkeit als Kind ist für diese Frau zu ihrer weiteren Entwicklung notwendig, weil ihre eigene Mutter dies bei ihr nie fertigbrachte. Damit ist der Durchbruch zur Entwicklung der Gefühlsfunktion eingeleitet.

Eine Frau erfährt über die Empfindungsfunktion, deren Aufgabe im Aufnehmen über die Sinnesorgane besteht, daß von Kindheit her mit ihrem Sehen etwas nicht stimmt: „Ich habe ein Kleinkind mir gegenüber. Seine Augen werden immer größer, so daß sie den ganzen Kopf ausmachen. Ich erkenne, daß ein Auge ein normales Menschenauge ist. Das andere aber ist ein Facettenauge wie bei einem Insekt. Auf diesem Auge ist das Kind blind. Als ich dies erkannt habe, gehen die Augen wieder auf die normale Größe im Gesicht des Kindes zurück." Durch Vergrößerung wird dieser Träumerin deutlich gemacht, worauf es ankommt und ihr gesagt, daß diese Fehlentwicklung bis in die Kindheit zurückgeht. Dadurch, daß sie auf einem Auge blind ist, sieht sie alles einseitig und eingeschränkt. Die subjektive Sicht bestimmt ihre Weltanschauung. Sie aber hält diese für die Wirklichkeit.

Neben dem Bestreben, sich eine Anschauung über die Welt zu machen, gehört auch der Beginn der Wertorientierung in diese Entwicklungszeit. Im Traum wird der Ansatz häufig im Fernen Osten gesucht, um über diesen Abstand und Umweg im europäischen Bereich die endgültige Lösung zu finden. So träumte ein Akademiker, der sein Studium schon lange abgeschlossen hatte und erfolgreich in seinem Beruf tätig war: „Ich bewerbe mich mit vielen anderen Studenten um ein Zwischenstudium an irgendeiner asiatischen Universität in Japan oder China. Dazu schicke ich Zulassungsarbeiten und Papiere in drei langen Papprollen verpackt weg. Es hat sehr viel Mühe gemacht, das alles fertigzustellen. Ich glaube aber, daß es gut geworden ist. Als ich an der

Universität angekommen bin, verlangt die Aufnahmekommission bestehend aus zwei stoischen asiatischen Beamten zuerst das Reifezeugnis. Dieses befindet sich aber in den Papprollen, welche von Hunderten von Bewerbern in einem großen Raum durcheinander geworfen liegen. Nach langem Suchen finde ich eine meiner Rollen. Das genügt jedoch nicht. Ich brauche drei. Die Gesichter der Beamten zeigen keine Reaktion. Ich suche weiter.“

Voraussetzung für ein Zwischenstudium im Fernen Osten ist, daß eine gewisse Reife schon erreicht wurde. Dazu muß man auch seine Identität enthalten in seinen Rollen mindestens zum Teil gefunden haben. Dann ist die Suche nach dem „Bewußtsein für tiefere Werte“, wie der Mann in der Assoziation zu dem Traum sein Vorhaben bezeichnet, erst möglich. Das Wissen um die Werte ermöglicht die Sinnfindung. Dazu genügt nicht nur *eine* Reife. Man muß sie dreimal suchen und finden wie im Märchen. Die Asiaten haben Geduld und Zeit. Wie in diesem letzten Beispiel bedürfen alle Vorstufen der Entwicklung, welche wir in den Träumen dieses Abschnitts aufzeigen und erfahren konnten, der weiteren Ausgestaltung und Differenzierung. Die Ablösung und Abgrenzung ist aber in jedem Fall als Ansatz notwendig.

Aufbau und Strukturierung

Nach der Phase der Ablösung von den Beziehungspersonen der frühen Kindheit, nach den Ansätzen zur Abgrenzung und der Zeit des Unterwegsseins beginnt die Orientierung und Festigung nach neuen Richtpunkten. Der konstruktive Aufbau kann im Traum ganz elementar und gegenständlich dargestellt sein. Ein Mann träumt in diesem Stadium seiner Entwicklung: „Ich bestehe aus quaderförmigen Bauklötzen und habe die Aufgabe, diese zu einer Einheit in Form eines großen Quaders oder eines Gebäudes zusammenzusetzen." In derselben Nacht folgte ein zweiter Teil: „Statt der Bauklötze sind es nun Tierfiguren, die aus einem Holzbrett ausgesägt sind. Die Aufgabe besteht wieder im Zusammensetzen und Ineinanderpassen dieser Teile in einer Ebene wie bei einem Puzzle."

Die Freude am Aufbauen und Gestalten zieht sich durch alle Altersstufen durch. Wir kennen dies vom Baukasten des Kindes bis zum Hausbau um des Bauens willen. Auch das Puzzle verdankt seinen Reiz und seine Beliebtheit dem Spaß am Zusammenfügen und nicht dem fertigen Ergebnis. Während der Ablösungsprozeß mit seinen Erscheinungen der Auflösung und Unsicherheit Angst aktiviert, führt der konstruktive Aufbau zu einer gewissen Beruhigung. Einen Übergang zum Neuanfang verbunden mit Angst vor dem Neuen zeigt folgender Traum: „Ich sitze in einer großen Verkehrsmaschine und fliege nach Westen in ein neues Land. Vom Flugzeug aus sehe ich, daß eine parallel mit uns fliegende gleichartige Maschine von mehreren kleinen Flugzeugen wie von Insekten angegriffen und gefährdet wird. Ich habe Angst, daß es unserem Flugzeug auch so ergehen könnte. Der Funker der Maschine geht im Cockpit eine Etage höher. Dort beginnt er, Kreuzworträtsel auszufüllen."

Der erste Teil des Traumes ist leicht verständlich: Durch die Beschäftigung mit sich selbst in der Analyse befindet sich der Mann auf dem Weg nach Westen, damit zu größerer Bewußtheit und zu neuen Ufern. Als neues Land wird in ähnlichen Träumen meist Amerika oder die Vereinigten Staaten direkt genannt. Dorthin gelangt man jedoch nicht ohne Gefährdung. Man muß die Sicherheit der seitherigen Lebensform aufgeben und kennt die neue noch nicht. Die Veränderung ruft Angst hervor. Wie so oft im Traum wird die Gefahr nicht an der eigenen Maschine und damit an der eigenen Person erlebt, sondern auf Distanz am Vorgang an dem parallel dazu fliegenden gleichartigen Flugzeug. Die Folgerung, daß die Gefährdung für das eigene Flugzeug genau so gelten muß, wird schon im Traum eingebracht.

Gegen die aufkommende Angst ist ein fester Standpunkt und eine Orientierung notwendig. Voraussetzung dafür ist ein Koordinatennetz, so daß mit einem Hoch- und Rechtswert der jeweilige Standort festgelegt ist und auch damit bezeichnet werden kann. Für die Standortmeldung ist im Flugzeug der Funker zuständig. Er geht im Führungsteil der Maschine, also im Zentrum des Bewußtseins eine Schicht höher und trägt im Traumbild des Kreuzworträtsels wie in einem Koordinatennetz senkrecht und waagrecht Werte ein. Damit sichert er die Orientierung, die Angst kann in erträglichem Maß gehalten werden, der Flug zu neuen Ufern geht weiter.

Im allgemeinen erfolgt die Orientierung nach *einem* Koordinatennetz. Wer auf Grund seiner Lebenserfahrung ein übergroßes Bedürfnis nach Absicherung hat, versucht, sich mehrere Gitternetze zuzulegen. Im Traum wurde einem Mann aufgezeigt, daß zuviel Absicherung zum Gegenteil führt. Seine Gitternetze schoben sich im Bild ineinander. Aus dem Streben nach übergroßer Ordnung sah er im Traum das Umschlagen in die Auflösung und in das Chaos.

Wir sprachen schon am Schluß der Einführung über die Notwendigkeit der Struktur im biologischen wie psychologischen Bereich. Jetzt stoßen wir auf die Ordnung als Voraussetzung für die menschliche Existenz im Zusammenhang mit der Veränderung und der damit aktivierten Angst. Durch das Ordnen werden Beziehungen gesetzt, die einen Sinnablauf erfahrbar machen und dadurch das Chaos beseitigen. So hat sich der Mensch den Anfang der Welt in den verschiedenen Kulturen immer als ein Ordnen in Raum und Zeit, oben und unten, Tag und Nacht vorgestellt. Entsprechend diesen großen Dimensionen ist es auch im Einzelleben wichtig, daß in den verschiedenen Ansätzen der Ichbildung, welche im Lauf eines menschlichen Lebens auftreten, der Angst, die das aufkeimende Ich bedroht, durch Absicherung mit orientierenden und konstruktiven Maßnahmen begegnet wird.

Es mag im Leben eines Menschen eine Phase geben, die man nur mit Hilfe eines Panzers, wie eine Schildkröte ihn hat, überstehen kann. So träumte ein Mann: „Ich wohne in einem Schildkrötenpanzer. Ich glaube, ich bin eine Schildkröte." Hier ist nur ein Teilaspekt der Schildkröte angesprochen, nämlich ihr Panzer. Der Vollständigkeit halber sei hinzugefügt, daß sie als Symbol auch Aspekte umfaßt, da sie als ruhender Pol in der Tiefe der Wasser sitzt und als tragendes Element der Welt dient. In dem eben erwähnten Traum sagt das Bild, daß der Träumer einen Panzer als Schutz braucht. Vielleicht steckt aber auch schon die Frage darin, ob er ihn noch braucht. Schließlich ist dieser Mann als Mensch nicht auf eine solche massive Abwehr hin angelegt, sondern auf einen Austausch mit anderen Menschen und mit der Welt. Die Festigung sollte daher nicht wie bei Schildkröte oder Seeigel durch ein Korsett von außen gewährleistet werden. Die Entwicklung der Arten hat uns gezeigt, daß man seine Stütze auch in sich haben kann. Die Alternative wäre also auch im psychischen Bereich, seine Wirbelsäule so zu entwikkeln, daß diese als tragende Konstruktion dient und keine Stütze von außen mehr nötig ist.

Auf die Bedeutung des Rückgrats weist das Unbewußte in Träumen entsprechend hin. Häufig sind es Aussagen, daß mit der Wirbelsäule etwas nicht in Ordnung ist. Ein Mann träumt, er kann nicht aufrecht gehen. Er ist also nicht im Lot. Einer Frau wird der Befund vom Unbewußten so mitgeteilt: Sie geht zum Arzt, weil sie spürt, daß sie nicht ganz gesund ist. Was ihr fehlt, weiß sie nicht. Im Traum sagt ihr der Arzt, ihre Wirbelsäule sei überlastet und könne ihrer Aufgabe nicht voll genügen.

Das Symbol, welches den konstruktiven Aufbau in allen Varianten und Akzenten am besten ausdrücken kann, ist das Haus. Ein Beispiel für die Notwendigkeit von Maßnahmen zur Stabilisierung ist folgender Traum eines Mannes: „Ich fahre mit unserem Zimmermann zu unserem Haus, welches durch Hochwasser gefährdet ist. Als ich dort ankomme, liegt es da wie eine feste Burg in den Bergen. Im Daraufzugehen betrachte ich an der Vorderfront die stabile Haustür, die uns schon in manchem Winter gegen Kälte und Schnee geschützt hat. Der Zimmermann sagt aber, auf der Rückseite würden die Hauswände krumm und bauchig werden. Ich schaue nach und stelle fest, daß sich die Fundamente ausgespült vom Wasser gesenkt haben müssen."

Da der Träumer zu dieser Zeit auf der Objektstufe an seinem realen Haus nicht mit Reparaturen beschäftigt war und auch sonst keine damit verbundenen Probleme hatte, konzentrieren wir uns bei der Deutung auf die Subjektstufe. Das bedeutet, daß alle Aussagen über das Haus auf die Person des Träumers und auf seine innerpsychischen Zusammenhänge bezogen werden. Das Hauptthema im Traum ist die Festigung des Hauses von den Fundamenten her. Die Begleitperson, die bei der Untersuchung des Hauses mithilft, dürfte im Rahmen der Analyse der Analytiker sein. In der Gestalt des Handwerkers ist die Funktion des Aufbauens gut getroffen. Nach dem ersten Eindruck von der Vorderfront glaubt man, ein festes Haus vor sich zu haben. Das Unbewußte fordert jedoch dazu auf, auch die Rückseite zu betrachten. Dort zeigt es sich sehr schnell, daß in der Gründung der Fundamente Nachbesserungen nötig sind.

Im nächsten Traum fängt die Verselbständigung auch im Untergeschoß an. Der Wunsch nach Abgrenzung wird von dieser Frau jetzt soweit empfunden, daß sie sich eine eigene Wohnung sucht, wenn diese auch im Keller liegt. Symbolisch ist es recht positiv, den Aufbau von unten her und aus dem Unbewußten heraus zu beginnen: „Ich wohne in einer Kellerwohnung. Die Wände sind aus Beton und erinnern mich an eine Tiefgarage. Eine Möblierung ist kaum vorhanden. Diese Wohnung will ich abschließen, um für mich zu sein. Es gibt keine zentrale Eingangstür. Daher muß ich die jeweilige Tür zu jedem Zimmer einzeln abschließen."

Der Ansatz zur Verselbständigung und Ichbildung beginnt in diesem Beispiel mit der Abgrenzung gegen das Nicht-ich in Gestalt der andern. Mit einem einzigen Türe-Schließen und Den-Schlüssel-Umdrehen ist es für diese Frau nicht getan. Bei ihr sind zu viele Fremdeinflüsse innerhalb ihres seitherigen Lebens wirksam gewesen, die sie nun alle in Einzelaktionen von sich abtrennen muß. Das ist der erste und wichtigste Akt zum Aufbau ihrer eigenen Persönlichkeit. Die weiteren Stockwerke und die Möblierung als Bild einer Differenzierung können dann folgen.

Die Entwicklung der Persönlichkeit wird häufig als Suche nach dem passenden Haus geträumt. Eine Frau sieht sich unterwegs, muß weite Strecken zurücklegen und gelangt schließlich nach endlosen wüsten und öden Abschnitten an das Meer. Dort stehen in den Dünen kleine Häuschen, in denen Fischer wohnen. Sie ist erschöpft nach dem Gang durch die Wüste. In diesem Zustand ist sie froh, daß die einfachen Menschen sie aufnehmen. Sie beschließt, dort für sich ein Haus zu bauen und zu bleiben. Das kleine Fischerhaus genügt ihr dann aber doch nicht. Sie sucht weiter und kommt zu einem großen, modernen Haus, das sehr dekorativ mit Terrassen in die Landschaft eingefügt ist. Da ihr dieses Haus gut gefällt, geht sie hinein und besichtigt es. Dabei erkennt sie, daß diese Bauart in ihrer Offenheit für das Klima nicht geeignet ist. Sie sucht weiter das Haus, das ihrer Art und ihren Bedürfnissen entspricht.

Der Weg zum Meer als einem Symbol des Unbewußten ist für diese Träumerin notwendig, weil sie seither viel zu sehr aus ihrer rationalen Funktion heraus gelebt hat. Nach einem langen Gang durch die Wüste, bei dem ihr die Vertrocknung ihrer Gefühlsseite bewußt wird, kommt sie an das rettende Wasser. Nach dieser Durststrecke erscheint ihr das dortige einfache Leben unter den Fischern als Ausgleich zu ihrem seitherigen Dasein als Lösung. Bald muß sie jedoch erkennen, daß diese Lebensform ihren Möglichkeiten nicht gerecht werden kann. Daher sucht sie weiter. Das großzügig angelegte Haus, auf das sie dann stößt, ist aber auch nicht das richtige. In ihm fände sie nicht den Schutz gegen Wind und Wetter und damit nicht die Geborgenheit gegen die widrigen Einflüsse der Außenwelt, welche sie in ihrer sensiblen und auch auf Differenzierung angelegten Art braucht.

Nach Bewußtmachung der beiden Extreme und der Erkenntnis, daß beide keine Lösung im Sinne des ihr entsprechenden Hauses sein können, geht die Suche im Traum mit Hilfe des Unbewußten weiter.

Im nächsten Traum, den ein Mann berichtet, ist sein Haus zwar in seinem Besitz, doch lebt er nicht darin: „Obwohl das Haus auf meinen Namen im Grundbuch eingetragen ist, wohnen fremde Leute darin. Sie sind freundlich zu mir, doch kann ich selbst dadurch in diesem Haus nicht wohnen." Die Eintragung im Grundbuch ist in Wirklichkeit die sicherste Festlegung des Eigentums bei Immobilien. Auch in übertragenem Sinn besteht für den Träumer ein im Grunde des Unbewußten verankertes Wissen, daß ihm dieses Haus gehört. Dennoch ist er in seinem eigenen Bereich nicht zu Hause. Wer ihn daraus verdrängt, bleibt zunächst unbekannt. Die fremden Leute lassen sich auch durch Assoziationen nicht näher identifizieren.

Ähnlich muß auch eine Frau den Zugang zu ihrer Wohnung und damit zu sich noch finden: „Die Türe zu meiner Wohnung ist zugefallen. Ich habe mich damit selbst aus der eigenen Wohnung ausgesperrt und stehe auf der Straße. Ich warte auf einen Bekannten, von dem ich weiß, daß er ebenfalls einen Schlüssel zu meiner Wohnung hat." Den Bekannten schildert sie als einfachen, kraftvollen Mann. In diesem Traum sind zwei Hinweise gegeben, die bei einer Lösung des Problems hilfreich sein können. Die eine Aussage lautet: Ich sperre mich selbst aus meinem eigenen Bereich aus und muß suchen, wo ich dies tatsächlich tue, um durch entsprechende Veränderungen zu vermeiden, daß ich mich selbst in das Abseits stelle und von meinen Möglichkeiten abschneide. Der andere Hinweis besagt, daß der Zugang zu ihren inneren Gemächern über die Entwicklung ihrer männlichen Seite erfolgen kann. Dort liegt der Ersatzschlüssel zum Zugang zu ihr selbst. Wieweit die Beziehung zum Männlichen in der Außenwelt oder innerhalb ihrer eigenen intrapsychischen Männlichkeit gesucht werden soll, bleibt zunächst offen.

Der nächste Träumer findet es im Laufe seiner Entwicklung nötig, grundlegende Veränderungen bei sich und in sich vorzunehmen. Wieder wird dieser Vorgang am Bild des Hauses geträumt: „Ich will mein Haus von Grund auf anders haben.

Deshalb überlege ich, ob ich es ganz abreiße und neu aufbaue oder ob ich es sukzessive umbaue. Auf jeden Fall will ich die Zufahrt abschranken. Beim Umbau will ich allein sein und ihn ungestört aus eigener Sicht ohne fremden Einfluß durchführen." Der Text dieses Traums bedarf keiner weiteren Deutung. Beim Abwägen der Alternative Abriß und Neuaufbau oder Umbau des bestehenden Hauses käme bei der ersten und radikalen Lösung das größere Risiko auf den Mann zu, während der Umbau in Teilen den zur Verfügung stehenden Kräften entsprechend erfolgen könnte. Auf jeden Fall muß die Veränderung in Ruhe und Abgeschirmtheit nach eigenen inneren Plänen vor sich gehen.

Ein neues Haus und ein neuer Mensch fallen in dem aus einem Satz bestehenden Traum zusammen: „Ich führe einen Amerikaner durch mein neues Haus." Der Träumer befindet sich in einem fortgeschrittenen Stadium seiner Analyse. Er hat sein Haus schon fertig und damit seinen äußeren Rahmen abgesteckt. Interessant ist, daß die aktuelle Situation dieses Mannes dem Traum entspricht. Er zieht tatsächlich in den nächsten Tagen in sein neues Haus. Durch diesen Termin wird die Veränderung und das Zurücklassen des Vergangenen deutlicher als es sonst im täglichen Leben der Fall ist. Mit dem Umzug bleibt auch in Wirklichkeit einiges zurück und wird ausgeschieden. Er zeigt das neue Haus einem Amerikaner. Das heißt, er führt sich selbst als den Menschen aus der neuen Welt durch das zukünftige Heim. Das Haus ist seine Umgebung und seine Person, wie er sie in neuer Form für sein künftiges Leben sieht.

Ein Haus bietet Schutz, Geborgenheit und Wärme. Es sollte jedoch nicht zur Absonderung und Isolierung führen. Wer ein festes Haus hat, kann daraus auch heraustreten. Im folgenden Traum geht es darum, sich aus der gesicherten Position hinaus zu wagen: „Ich wohne in einer italienischen Kleinstadt. Diese Stadt ist ringsum von einer Stadtmauer umgeben. An einem sonnigen Vormittag gehe ich im Schlafanzug in der Stadt spazieren. Als ich wieder zu meinem Haus, das mit dem Rücken an die Mauer angebaut ist, zurückkehre, sehe ich, daß in die Stadtmauer ein Durchgang geschlagen ist. Viele behauene Sandsteine fehlen. Ein Riß läuft senkrecht von unten bis oben durch. Mißtrauisch betrachte ich die Öffnung."

In der Ausgangsposition lebt dieser Mann in einem festen Haus eng an die Stadtmauer angelehnt. Dies gibt ihm die nötige Sicherheit. Im Verlauf seiner Entwicklung bietet ihm das Unbewußte mit diesem Traumbild an zu prüfen, ob hier nicht eine Auflockerung in dieser festen Einmauerung möglich und zweckmäßig wäre. Unter südlicher Sonne mischt sich der Träumer im Schlafanzug unter die Menschen und nimmt Kontakt. Bei der Rückkehr zu seinem Haus entdeckt er als Veränderung den Durchbruch in der ringförmigen Mauer. Nun ist also die Öffnung nicht nur aus dem eigenen Haus, sondern auch aus der Stadt hinaus in die Welt erfolgt. Zunächst reagiert er darauf allerdings noch mit Mißtrauen.

Die Kontaktbereitschaft wird am Symbol des Hauses meist dadurch signalisiert, daß Träume auftreten, in denen die Fenster vergrößert werden. Auch eine Aufforderung, die Scheiben auszuwechseln, weil sie trüb sind, geht in diese Richtung. So träumt eine Frau: „Eine Bekannte sagt zu mir, sie müsse sich um ihr Haus kümmern. Vor allem müsse sie nach den Fenstern sehen und diese erneuern lassen." Die Bekannte ist ein erkennender Teil ihres eigenen Innern, der sich an ihr bewußtes Ich wendet. Auf dem Umweg über die Bekannte, teilt ihr das Unbewußte mit, daß sie sich um ihr Haus, vor allem um die Fenster kümmern soll. Sie dienen zum Schutz gegen Wetter und Wind, machen aber auch den Austausch von innen nach außen und umgekehrt möglich. Doch auch hier sollte man selbst bestimmen können, wann die Fenster offen und Einsicht gewährend gehalten werden und wann durch Läden oder Vorhänge die eigene Sphäre abgeschirmt werden soll. Wenn jemand träumt, daß die Wände seiner Wohnung aus Glas sind, ist seine Abgrenzung nicht gesichert und seine Intimität nicht gewahrt. Auch in dem Traumbild „Ich lebe in einem Musikpavillon, der keine Wände hat" besteht zu wenig Schutz und Geborgenheit.

Die durch eine fortschreitende Entwicklung erreichte Offenheit kann auch zur Erweiterung des eigenen Lebensraums führen: „Ich stehe auf der Terrasse vor meiner Wohnung. Sie ist aber anders und größer, als sie noch gestern war. Jetzt wird sie von Beeten umrandet, die zur Bepflanzung vorbereitet sind. Außerdem ist da eine Garage voller Gartengeräte. Ich stehe und denke nach. Allmählich kommt mir der Gedanke, ob das nicht meine Beete sind und ob nicht auch die Garage zu meiner Wohnung gehört." Man spürt an diesem Text förmlich, wie sich das Bewußtsein meterweise in den erweiterten Bereich, der zur Kultivierung bereit steht, hineintastet.

Es würde zu weit führen, alle Teile des Hauses in ihrer symbolischen Ausdrucksmöglichkeit und Bedeutung aufzuführen. Der Keller steht für die Schichten des Unbewußten. Er ist meist dunkel. Als Gegenpol steht der Dachboden, Ort des geistigen und religiösen Bemühens. Die analytische Beschäftigung erstrebt die Ausweitung der Persönlichkeit nach unten wie nach oben. Die Verbindung zwischen den Stockwerken stellt die Treppe her. Wenn der persönliche Einsatz des Auf- und Absteigens nicht betont werden soll, tritt der Aufzug an ihre Stelle. Er ist die Möglichkeit, relativ leicht und schnell Zusammenhänge und Verbindungen zwischen dem Oben, also dem Bewußtsein, und dem Unten, dem Unbewußten, herzustellen. Ein Turm am Haus oder an Stelle des Hauses bedeutet Abgeschlossenheit, vielleicht auch Isolierung. Während das Haus auf breiter Basis in statischer Sicherheit ruht, ist beim Turm das Verhältnis von Grundfläche zur Höhe deutlich zugunsten der Höhe verschoben. Im Turm mag man sich vorübergehend aufhalten, wenn man in der Introversion Übersicht über sich selbst gewinnen will. Die Fassade des Hauses gibt Auskunft über die Selbstdarstellung nach außen. Sie kann verschiedene Farben haben, Risse zeigen, abbröckeln oder gut gepflegt sein.

Die Küche hat eine wichtige funktionale Bedeutung. In den früheren Häusern war sie der zentrale Raum des Hauses, in dem sich das Leben der Familie vollzog. Dort war die Feuerstelle, über der die Umwandlung der chemischen Prozesse vor sich ging. Auch heute noch geht es um Sicherung der Existenz durch Kochen und Bereitstellen von Essen. Hier wird die Aufnahme und Assimilation von fremden Einflüssen vorbereitet. Die Küche ist als Wirkungskreis der weiblichen Seite zugeordnet. Das Bild der Waschküche ist durch die Verbreitung der Waschmaschine kaum noch im Traum anzutreffen. Früher war sie ein

Raum der Reinigung. Man wusch dort seine schmutzige Wäsche.

Die Darstellung der äußeren Erscheinungsform kann außer an der Fassade des Hauses vor allem in der Kleidung gesucht werden. In den Träumen wird diese Möglichkeit von Frauen genützt. Meistens ist dabei die Unsicherheit betont: „Ich stehe vor meinem Kleiderschrank und kann nicht entscheiden, welches Kleid ich anziehen soll. Später spreche ich mit meinem Mann und einer Bekannten über Kleidung. Die Bekannte urteilt abfällig über Frauen, die sich nicht zu kleiden verstehen. Ich habe das Gefühl, sie meint mich. Als mein Mann ihr beipflichtet, bin ich sehr betroffen. Ich würde den beiden gern erklären, daß ich auch darunter leide, auf diesem Gebiet keine guten Entscheidungen treffen zu können. Aber ich habe das Gefühl, sie können mich doch nicht verstehen. Ich stehe auf und gehe weg."

Diese Frau steht vor dem vollen Kleiderschrank und „hat nichts anzuziehen", wie die landläufige Formulierung an dieser Stelle lautet. In diesem Stadium ihrer Entwicklung fehlen ihr zwei Voraussetzungen, welche ihr die Wahl erleichtern würden. Einmal müßte sie wissen, wer und wie sie ist. Dann könnte sie auch das zu ihr passende Kleid finden. Auch in der äußeren Wirklichkeit ihres Lebens kann sie die ihr gebotenen Möglichkeiten und Chancen nicht vollständig nützen. Weil sie noch unsicher ist, beeindruckt sie die Stellungnahme der Bekannten und ihres Mannes um so mehr. Zum andern fehlt ihr die Übung im Entscheiden. Dabei muß man wissen, daß das Entscheiden immer dann Schwierigkeiten macht, wenn man nicht von Kindheit an gelernt hat zu verzichten. In jedem Entscheidungsakt steckt ein Verzicht. Auch wenn ich aus einem vollen Schrank wählen kann und darf, verzichte ich mit der Wahl des roten Kleides darauf, das blaue zu tragen. Wir sind uns selten bewußt, daß auch im Umgang mit der Fülle und der Möglichkeit der Wahl der Verzicht erst die Freiheit der Entscheidung ermöglicht. Bei dem Esel, der zwischen den beiden Heuhaufen verhungert, begreifen wir es leichter.

Eine andere Analysandin träumt in ähnlicher Weise, daß sie den ganzen Keller voller Kleider hat. Es fehlt ihr jedoch ein Raum, in dem sie sich ungestört umziehen könnte. Das bedeutet, daß sie zunächst einen Freiraum schaffen muß, um sich zu entfalten. Sie setzt dann den Traum mit einer Szene fort, in welcher sie sich als Mädchen sieht und mit den Jungen ihrer Klasse eine Theateraufführung bespricht. Sie will dabei eigene Vorstellungen einbringen. Erst wenn sie ihre Rolle im Zusammenspiel mit der Klasse kennt, kann sie auch die Auswahl der Kleider treffen.

Wenn man sich innerlich verändert, will man dies auch in der äußeren Form der Kleidung ausdrücken. In dem folgenden Traum ist es interessant, daß diese Frau in die Wohnung der Eltern in dem Haus, da sie ihre Kindheit verbracht hat, zurückgehen muß: „Dort hänge ich die alten Kleider, welche ich mitbekommen habe und die ich bis heute noch trage, an einen Haken. Die Wohnung der Eltern ist nun sehr viel größer. Sie umfaßt zwei Stockwerke. Ein Teil der Räume ist als Boutique ausgestattet. Dort suche ich mir ein neues Abendkleid aus, in dem ich mich bei festlichen Anlässen darstellen will."

Gemeinsam haben alle Träume von der Rückkehr zum Ausgangspunkt den Wunsch, von dort aus einen neuen Anfang zu machen, um dann unter anderen Voraussetzungen auch eine andere Entwicklung vor sich zu haben. In unserem Beispiel löst das Vorgehen im Traum die Notwendigkeit der Veränderung von Grund auf viel besser, als wenn diese Frau nun irgendwo sich neue Kleider beschaffen würde. Mit den alten Kleidern, welche sie im elterlichen Haus an den Nagel hängt, will sie doch nicht nur die äußere Form der anerzogenen Verhaltensweisen loswerden, sondern auch die ganze dahinter stehende Lebensanschauung. Andererseits wird ihr aber vom Unbewußten auch nicht vorgemacht, daß sie sich ihren Ursprung völlig frei nach eigener Wahl suchen und auswählen kann. Sie bleibt das Kind ihrer Eltern und muß sich von diesem Punkt aus ihre Entwicklung gestalten. Doch muß das Milieu nicht so eng und streng bürgerlich gesehen werden, wie sie es für sich zunächst übernommen hat. Hier scheint eine Auflockerung nach räumlicher Größe wie nach Stil möglich.

Wie die Einflußnahme der Mutter dem einzelnen auf der Suche nach einer eigenen Form und einem Anfang in der neuen Welt trotz der im Bild ausgedrückten weiten Distanzierung nachgehen kann, zeigt der Traum eines Analysanden: „Ich bin in New York angekommen und will mir dort einen Anzug kaufen. Die Verständigung mit der Verkäuferin macht Schwierigkeiten, da diese wenig deutsch spricht. Ich wähle einen Anzug in einer Farbmischung zwischen Grau und Braun. Da taucht meine Mutter im Laden auf und will mir einen Anzug aussuchen. Als ich die Jacke anprobiere, ist sie viel zu eng. Ich lehne den Vorschlag der Mutter ab und finde einen Verkäufer, mit dem ich mich gut in deutscher Sprache verständigen kann."

Das neue Leben beginnt in der neuen Welt über dem großen Meer. New York gilt als Ausgangspunkt dafür, meist auch als die symbolische Hauptstadt von Nordamerika. Zum Neubeginn braucht man auch andere Kleider. Der Analysand will die innere Veränderung wie im vorhergehenden Beispiel durch äußere Maßnahmen ausdrücken und unterstützen. Er ist bemüht, Zurückhaltung zu üben und die notwendige Anpassung an die neuen Verhältnisse zu leisten. Deshalb wählt er eine Farbe, mit der er als Mann nicht auffällt. Da greift die Mutter ein, die ihm bis in die Neue Welt nachgegangen ist. Sie will ihm einen viel zu engen Sakko aufreden, ihn also auch weiterhin in einer Zwangsjacke halten. Die Auseinandersetzung mit der Mutter ist für den Träumer in der veränderten Situation in Amerika eher möglich als im heimischen Milieu. Er kann sich freimachen und wird über die männlichen Kräfte in Gestalt des Verkäufers, mit dem er sich in seiner Sprache verständigen kann, den ihm passenden Anzug finden.

Der Versuch, seine Form zu finden, ist immer wieder in den Träumen enthalten: „Ich will mich elegant machen und versuche, in hohe Schuhe zu schlüpfen, obwohl ich zwei Paar Wollsocken anhabe. Das kann mir natürlich nicht gelingen. Ich möchte gern erwachsen und selbstsicher sein, damit ich meiner Verwandtschaft gefalle. Ich gehe ins Haus, um meine Autoschlüssel zu holen und mit meinem eigenen Wagen zu fahren. Dabei sehne ich mich nach den Jugendzeiten zurück, da man auch im ausgeweiteten Pullover und Jeans nett und richtig aussah." Man spürt das Bestreben dieser 33jährigen Frau, ihre Unsicherheit mit allen möglichen Mitteln auszugleichen. Während sie sich noch in Pullover, Jeans und Wollsocken wohlfühlen würde, erhöht sie sich künstlich durch ihre Absätze und durch den Gedanken an das eigene Auto. Die Vorstellung, noch nicht vollständig oder unpassend gekleidet zu sein, wird in Träumen als Zeichen der Verunsicherung häufig in knapper Form eingefügt: „Ein befreundetes Ehepaar kommt, um mich zu einer Bergwanderung abzuholen. Ich bin noch im Schlafanzug." Eine andere Frau hat bei Bekannten übernachtet. Am andern Morgen besichtigen sie Haus und Garten. Während des Rundgangs wird ihr bewußt, daß sie noch im Nachthemd geht, während die Gastgeber angezogen sind.

Nicht der Situation entsprechend gekleidet zu sein, stellt Unsicherheit dar und drückt aus, daß man die richtige Art, sich den andern zu zeigen, noch nicht gefunden hat. Unsere Kleider sind ein Ausdruck unser selbst. Darüber hinaus spielt die Schutzfunktion der Kleider gegen Kälte, Hitze, Regen und Wind auch eine Rolle. Wenn jemand davon träumt, daß er einen Mantel oder eine warme Jacke bekommt, geht es darum, mehr Schutz gegenüber äußeren Einflüssen zu entwickeln. Umgekehrt kann die Aufforderung im Traum, seinen Mantel auszuziehen, darauf hinweisen, daß sich dieser Mensch zuviel einmummt und schützt.

Nicht nur Kleider sind in diesem Zusammenhang aussagefähig, sondern auch die übrige Aufmachung. Man verstärkt die eigene Sicherheit, indem man sich mit andern vergleicht und deren Schwächen empfindet: „Wir sitzen mit Freunden und Bekannten zusammen. Im Gespräch hebt Herr Müller die Schönheit seiner Frau hervor. Ich denke, daß diese Schönheit doch eigentlich nur aus Schminke besteht." Hier wird vom Unbewußten deutlich gemacht, daß die Unechtheit und Schönmacherei der andern zwar erkannt wird, die Frage jedoch noch offenbleibt, wo bei der Träumerin selbst der Anteil an solchem Verhalten zu suchen ist. Sie muß sich fragen, wieweit Frau Müller in ihr wirksam ist. Da sie sich in Wirklichkeit nicht schminkt, geht es darum herauszufinden, in welchem Verhaltensbereich ihr Schminken und Unechtsein enthalten ist. Im Gegensatz dazu sagt das Unbewußte derselben Träumerin in einem andern Traum, daß sie auch ohne Kleider sich sehen lassen kann: „Ich stehe nackt unter einer Dusche. Kollegen meines Mannes sind in demselben Raum. Ich spüre, daß sie auf mich schauen. Aber ich denke, daß ich keinen Grund habe, mich vor ihnen zu verbergen, und dusche ruhig weiter."

Die Bestätigung für die eigene Persönlichkeit erfolgt in diesem Traum durch Personen der Umgebung. Wenn man die Selbsterfahrung nicht durch Beziehungspersonen erhält, bedient man sich in Wirklichkeit wie auch im Traum eines Spiegels. Ein Mann formulierte dieses Vorgehen im Gespräch einmal: „Wenn ich meiner sicher bin, muß ich nicht so oft in den Spiegel schauen, um zu fragen, wer und wie ich bin." Während der Analyse träumte ein Mann, er ersetze alle Fenster seines Zimmers, die in Wirklichkeit sehr groß waren und bis zum Boden gingen, durch Spiegel. Als ihm dies noch nicht ausreichte, überzog er alle Wände des Zimmers mit Spiegelflächen. Die Aussage des Traumes ist: Ich brauche viel Spiegelung. Frägt man weiter nach der Ursache dieser Notwendigkeit der Begegnung im Spiegel, stößt man meist im Lebenslauf darauf, daß dieser Mensch als Kleinkind zu wenig Bestätigung durch entscheidende Beziehungspersonen erfahren hat. Den Spiegel braucht man, wenn man kein Bild von sich hat. Er liefert dann den Ersatz für die fehlende Spiegelung durch die Beziehungspersonen im Kleinkindalter.

Wer im Traum seinen Paß, seinen Führerschein oder die Handtasche mit den persönlichen Ausweispapieren verloren hat, soll dadurch zur Suche nach seiner Identität aufgefordert werden. So findet eine Frau ihre verlorene Handtasche mit Führerschein und Kennkarte auf ihrem Schulweg und sammelt alle Ausweispapiere wieder ein. Auch im folgenden Traum hat eine Frau zunächst Schwierigkeiten, weil sie ihre Tasche nicht zur Verfügung hat. Ohne sie und die darin enthaltene Eintrittskarte kann sie den Zugang zu der Theateraufführung, also zur Bühne des Lebens, wie das Theater oder der Zirkus von Dichtern und Malern oft dargestellt wird, nicht erreichen. Es stellen sich ihr verschiedene Schwierigkeiten in den Weg. Sie muß an einer Sperre Eintritt bezahlen, hat das Geld nicht sofort zur Verfügung und verliert später Eintrittskarte und Handtasche. Um die Tasche zu finden, muß sie weit in das Unbewußte hinabsteigen: „Ich will zu einer Theateraufführung und fahre allein mit meinem Auto. An einer Straßensperre muß ich für die Veranstaltung Eintritt bezahlen. Es dauert lange, bis ich das Geld finde. Ich parke und muß noch einen langen Weg gehen, bis ich in das Theater komme. Als ich die Treppe im Theater hochsteige, merke ich, daß ich im Gedränge die Tasche und die Eintrittskarte verloren habe. Ich finde auf der Treppe die Karte und fremde Handtaschen. Diese gebe ich an der Kasse ab. Meine Tasche muß noch tiefer gefallen sein. Ich steige hinunter und finde sie unter der Treppe. Mit der Tasche gehe ich nach oben und treffe dann auch die Bekannten, mit denen ich die Aufführung besuchen will."

Zur Strukturierung der Persönlichkeit gehört auch das Einbeziehen von Kräften, welche durch die seitherige Entwicklung abgespalten und verdrängt waren. Im ersten Teil des Buches ist in dem Traum, da eine Frau den Bildband ihres Dorfes durchblättert und dabei am Ende der dort abgebildeten Personen eine Zigeunerin und zwei Prostituierte findet, schon ein Beispiel erwähnt, wie Kräfte, die sich nicht in die übernommenen Anschauungen einfügen und anpassen, negiert werden. Infolge der Ablehnung werden sie aus dem Teil der Person, welcher dem Bewußtsein zugänglich ist, verdrängt und landen im Dunkel. Man bezeichnet daher diese Kräfte auch als Schatten. Als solcher begleitet er seinen Träger ständig. Da er jedoch vom Licht des Bewußtseins abgekehrt bleibt, führt dieser Teil ein Eigenleben und kann nicht in die Persönlichkeit voll integriert werden. Dazu bedarf es der Bewußtmachung über den Traum, der Aufhebung der Verdrängung und der Auseinandersetzung mit den abgelehnten Schattenkräften.

Räuber, Einbrecher, Zigeuner und Ausländer sind im Traum meist Ausdruck der Schattenproblematik. Es sind Personen, die als fremd und andersartig empfunden werden und mit deren Einordnung wir schwertun, weil sie nicht in unser Schema passen. Infolge der Abwertung durch die Außenwelt und durch die Verdrängung im eigenen Innern sind die abgewehrten Schattenteile unentwickelt geblieben. Sie werden wegen ihrer fehlenden Differenzierung auch gefürchtet. Ein Mann begegnet seinen Schattenkräften im folgenden Traum: „Ich gehe mit meiner Familie über ein Grundstück. Es ist sehr verwildert, da es zur Bebauung heransteht. Da kommen Zigeuner auf mich zu. Ich winke meiner Frau und den Kindern, daß sie zurückbleiben sollen. Die Zigeuner umdrängen mich. Die Frauen wollen mir aus der Hand lesen. Dann stehen die Männer im Vordergrund und wollen mich mitnehmen zu sich. Ich habe keine existentielle Angst, sehe mich aber doch bedroht."

Der Grund, auf dem sich der Träumer bewegt, liegt brach. Es soll darauf ein Haus errichtet werden. Das entspricht dem psychischen Zustand dieses Mannes, der nun etwas für seinen inneren Aufbau tun will. Der Einfall auf das Stichwort Zigeuner lautet: „Da muß man die Türen schließen und die Wäsche abhängen." Diese Schattenkräfte sind „wilde Gesellen". Er hat deutlich das Empfinden, daß sie ihn bedrohen, aber doch nicht an das Leben wollen. Sie fordern von ihm eine Veränderung, gefährden ihn jedoch nicht in seiner Existenz. Im weiteren Gespräch kommen verdrängte Jugendwünsche heraus. Der Mann hätte auch gern ein freieres Leben geführt. In seinem Elternhaus waren schon Radtouren verpönt, da man in dieser Zeit im Garten arbeiten sollte. Der Vater war als Beamter sehr auf Ordnung bedacht und ließ in seiner strengen Erziehung dem Sohn keinen Spielraum. Alles in seiner Umgebung mußte angepaßt sein. Vitale Triebkräfte wurden abgelehnt und verdrängt. Nun melden sie sich im Traum und wollen, daß er sich ihrer annehme.

Im nächsten Traum zeigt das Unbewußte schon im Text deutlich, daß die Vernichtung der nicht eingeordneten Kräfte keine Lösung ist. Der 40jährige Mann hatte gerade eine Reise durch Marokko gemacht: „Ich befinde mich in einem südlichen Land. Einer aus der Gruppe soll aufgehängt werden, weil er laufend aus der Reihe tanzt und immer wieder dieselben Fehler macht. Ich versuche, alle Möglichkeiten auszuschöpfen, um dies zu verhindern, da ich sehe, daß das keine Lösung ist und der Mann dies ja nicht böswillig tut. Zunächst kann man nichts gegen das Urteil unternehmen. Da fällt mir ein, daß ich versuchen kann, die Männer aufzuhalten, welche die Leiter, die man zum Aufhängen braucht, bringen werden. Durch meine Aktivität und meine Intervention sehen die andern Reiseteilnehmer ein, daß man ihm eine Chance geben muß, und verurteilen ihn zu lebenslänglich an einem Ort, wo er hingehört."

Es ist kaum nötig, die so einfachen und doch treffenden Formulierungen des Unbewußten in diesem Traum noch zusätzlich zu deuten. Er versteht sich, wie er sich liest: Die nicht eingeordneten und nicht angepaßten Kräfte in Gestalt des „andern" werden abgewertet und sollen eliminiert werden, weil sie aus der Reihe tanzen. Böswillig sind sie nicht, doch stehen sie im Gegensatz zu der Ansicht, die im Elternhaus galt. Nach der üblichen polaren Denkweise ordnet man als böse ein, was nicht entsprechend der gewohnten Wertung gut ist. Die Andersartigkeit genügt bereits zur Abwertung. Aus tiefenpsychologischer Sicht wissen wir jedoch, daß diese scheinbaren Gegensätze Ergänzungen sein können, wenn man sie nur aus der zu schnell erfolgten Verdrängung herausholt und ihnen die Möglichkeit zur Integration und damit zur Entfaltung gibt. So soll auch im Traum der andersartige und dadurch auffällige Mann nicht umgebracht werden, sondern an dem Platz, wo er hingehört, für das weitere Leben eingeordnet werden.

Den Vorgang einer Integration von zunächst abgelehnten Kräften erlebte eine Lehrerin. Sie sah sich immer wieder vom Männlichen bedroht. In den Träumen machten ihr vor allem autoritäre Figuren aus ihrer Umgebung Schwierigkeiten und belasteten sie, weil sie ihnen ausgeliefert war. Das konnte der Schulleiter, der Schulrat oder auch ein Polizist im Straßenverkehr sein. Im Lauf der Analyse wurde deutlich, daß die Strenge des Vaters dahinter stand und daß sie auch jetzt als erwachsene Frau noch unter ihrer in der Kindheit erlebten Angst vor der Autorität zu leiden hatte. Durch die Auseinandersetzung mit diesem Vater im Innern wie auch in der Wirklichkeit veränderte sich ihre Position der autoritären Männlichkeit gegenüber. Nach der Konfrontation konnte sie diese zunächst abgelehnten und deshalb verdrängten männlichen und väterlichen Kräfte auf ihre Seite bringen und in ihre Person einbeziehen. Das erlebte sie im Traum in folgendem Bild: Bei einem Elternabend, den sie für die Eltern ihrer Schüler abhält, steht der Vater ihr zur Seite und gibt ihr Stütze und Sicherheit den Eltern gegenüber. So wird die zunächst verdrängte Libido nach der Einordnung zu einem Kräftezuwachs.

Dem Aufbau und Ausbau der Persönlichkeit kommt auch die

weitere Entwicklung der Empfindungsfunktion zustatten. Sie stellt die Verbindung zur Außenwelt her. Durch unsere Sinneswahrnehmungen sind wir überhaupt erst in der Lage, die Welt aufzunehmen und die Realität zu erleben. Die Wahrnehmung fördert die Möglichkeit zum Vergleich mit anderen Menschen. Wir brauchen die Relation dur den Vergleich, um Aussagen wie „groß“ oder „klein“ überhaupt machen zu können. Dabei spielen im Traum die Symbole der Sinnesorgane, vor allem Auge und Ohr als Mittel zum Sehen und Hören eine wichtige Rolle. Eine 42jährige Frau träumte während ihrer Gruppenanalyse: „Ich bin im Zug unterwegs und sitze allein in einem Abteil. Mit Schrecken stelle ich fest, daß ich nichts sehe, weil ich die Augen nicht öffnen kann. So sehr ich mich auch anstrenge und mit Gewalt versuche, die Augenlider aufzureißen, will es mir nicht gelingen. Schließlich ist es mir doch möglich, ein Auge spaltbreit zu öffnen. Ich sehe, wie draußen die Landschaft vorbeifliegt. Nun merke ich auch, daß im Nachbarabteil Freunde von mir sitzen. Ich bitte sie, mir zu sagen, wenn ich aussteigen muß, da ich nicht richtig sehen kann.“

Im Anfang des Traumes wird dieser Frau deutlich, daß sie seither in ihrem Leben in einem Fortbewegungsmittel gefahren wurde, das sich in Schienen bewegt. Sie selbst hatte damit keinen Einfluß auf Richtung oder Geschwindigkeit. Durch die Entwicklung in der Analyse wird ihr diese Blindheit und Passivität bewußt. Das Erschrecken darüber bewirkt, daß sie sich um die Öffnung ihrer Augen bemüht. Das geht nur langsam vor sich. Immerhin bemerkt sie nun die Landschaft, die außen vorüberzieht. Auch ihre Mitmenschen im Nebenabteil nimmt sie wahr. Die volle Orientierung für sich selbst kann sie in diesem Stadium noch nicht erreichen. Bei der Findung ihres Standorts, an dem sie aus dem Zug aussteigen soll, muß ihr die Gruppe noch behilflich sein.

Dieselbe Analysandin träumt einige Zeit später wieder einen Traum, in dem ihr die Sicht genommen ist: „Ich fahre am Steuer meines Autos. Es herrscht dichter Nebel, so daß man nichts sieht. Ich habe große Angst, rechts gegen die Straßenbegrenzung zu fahren. Es passiert jedoch nichts. Obwohl ich nichts sehe, fahre ich ziemlich schnell. Plötzlich fährt ein Auto auf mich zu. Ein Mann sitzt am Steuer. Ich erwarte jeden Augenblick den Zusammenprall, kann aber in letzter Sekunde ausweichen und an dem entgegenkommenden Auto vorbeifahren. Obwohl ich nichts sehen konnte, komme ich nach einiger Zeit an meinem Ziel an."

Der Fortschritt gegenüber dem Zustand, den der erste Traum anspricht, besteht darin, daß sie inzwischen das Steuer selbst in die Hand genommen hat und daß das Thema ihrer Problematik beim Namen genannt wird. Es geht um die Begegnung mit dem Mann. Diese Begegnung wird entsprechend ihren persönlichen Voraussetzungen und den Erfahrungen, die sie seither im Leben gemacht hat, als Zusammenprall erwartet. Sie kann ihren Weg nicht sehen, da dichter Nebel alles verhüllt. Hier ist noch weitere Bewußtmachung und Klärung erforderlich. Zunächst kommt diese Frau dank ihrer intuitiven Steuerung ohne Kollision am Ziel an.

Wie hier der Nebel sichtbehindernd wirkt, kann auch eine Brille, die doch zunächst zur Hilfe und Unterstützung des Auges gedacht ist und eine klare Sicht schaffen soll, ihre Wirkung in das Gegenteil verkehren: „Ich komme zu meiner Freundin. In ihrer Wohnung ist es warm und gemütlich. Meine Brille beschlägt sich." Der Träumer empfindet die Umgebung dieser Frau warm und behaglich. Er fühlt sich bei ihr wohl. Durch das Beschlagen der Brille im Traum macht ihn sein Unbewußtes darauf aufmerksam, daß er dabei ist, in dieser Atmosphäre die Klarsicht zu verlieren. Er übersieht die auf anderen Ebenen bestehenden Schwierigkeiten, die sich aus der Beziehung zu der Frau und einem Zusammenleben mit ihr ergeben würden. Seine Bereitschaft zu einer weniger kritischen Betrachtung der Situation wird aus seiner Lebensgeschichte verständlich. Er hat in seiner Kindheit wenig Warmherzigkeit und emotionale Zuwendung erfahren. Deshalb spricht er leicht darauf an, wenn er das bekommt, wonach er sich viele Jahre gesehnt hat.

Die Brille wird im Traum gelegentlich empfohlen, um mit ihrer Hilfe die Realität besser sehen zu können. Eine Frau geht im Traum zum Arzt, weil sie sich krank fühlt. Der Arzt kann keine bestimmte Krankheit feststellen. Er verschreibt der Frau eine Brille. Damit sagt das Unbewußte über den Arzt dieser Analysandin, daß sie lernen muß, die Wirklichkeit deutlicher zu sehen, um sich mit ihr besser auseinandersetzen und anpassen zu können. Ohne Brille bleiben die Dinge unscharf. Sie können nicht richtig erkannt werden. Damit ist aber auch eine Veränderung unmöglich. Die krank machenden Faktoren bestehen weiter.

Eine ähnliche Bedeutung steckt hinter dem Vorschlag im Traum, sich einer Operation am Auge zu unterziehen. „Den Star stechen lassen" ist bereits zu einer allgemeinen Redensart geworden. Das Auge soll dadurch wieder funktionsfähig gemacht werden, um eine der Realität entsprechende Betrachtung der Lage zu ermöglichen. Der Traumtext unseres Beispiels lautet: „Ich fahre nach Norden. Als ich aus dem Zugfenster schaue, glaube ich, in Skandinavien zu sein und die Stadt Stockholm zu erkennen. Bei genauerem Hinsehen merke ich, daß es nicht Schweden, sondern England ist. Ich überlege, warum ich verreise. Da weiß ich, daß ich zu einem Augenarzt fahre, der bei mir eine Staroperation vornehmen muß."

Im Norden hatte die Analysandin in den letzten Jahren immer wieder Befreiung aus der einengenden Zivilisation ihres Milieus gesucht. Die Bedeutung Englands ist jedoch noch wesentlich tiefer in ihr angesiedelt. Nach ihrer Ausbildung hatte sie versucht, sich der zwingenden Art der Eltern und der damit verbundenen Weltanschauung zu entziehen. Dazu war für sie ein größerer räumlicher Abstand wünschenswert. Sie versuchte, die Ablösung durch einen längeren Aufenthalt in England zu vollziehen. Da sie dort ihre ersten eigenen Beziehungen zu anderen Menschen und Familien und eine tolerantere Umgangsart finden konnte, wurde ganz England und alles, was damit zusammenhing, zu ihrem Idealbild. Nach Jahrzehnten geht es jetzt darum, Zustände und Zusammenhänge, die seinerzeit zum Zweck einer existentiellen Absicherung und zum Überleben unter den früheren ungünstigen Voraussetzungen idealisiert und damit falsch interpretiert worden waren, zu erkennen und ihr daraus entstandenes Fehlverhalten abzubauen. Inzwischen war durch eine Analyse die Ichstrukturierung dieser Frau soweit aufgebaut, daß sie „diese Krücken", wie sie es selbst nannte, nicht mehr brauchte. Sie war nun in der Lage, ihr Traumland und ihre englischen

Freunde klarer mit allen Vor- und Nachteilen zu erkennen. Während sie seither jeder kritischen Stellungnahme auswich, war der „rosarote Luftballon“ nun geplatzt. Sie konnte die Realität sehen, wie sie in ihrem Leben und in ihren Beziehungen tatsächlich bestand.

Der Mensch erlebt seine Verbindung zur Außenwelt meist über das Auge. Aber auch das Ohr kann als Sinnesorgan im Traum die Erweiterung der Empfindungsfunktion ausdrücken. So träumte eine Analysandin, der Analytiker schlägt eine Stimmgabel an. Zu ihrer Überraschung kann sie den Ton hören. Sie erlebt also, daß durch die analytische Arbeit ihr Wellenlängen zugänglich gemacht werden, welche für sie vorher unhörbar waren.

Zu der Strukturierung und dem Aufbau, wie er in diesem Kapitel des Buches als erforderlich in der persönlichen Entwicklung dargestellt ist, braucht man seelische Kraft. Hier stimmen physische und psychische Betrachtungsweise völlig überein. Ein Symbol, das die seelische Energie ausdrückt, ist das Geld. Wie man in der materiellen Welt alles bezahlen muß und das Geld das „Vermögen“ bedeutet, verhält es sich auch im psychischen Bereich. Zum Nachvollziehen einer Entwicklung im Verlauf der Analyse ist Libido erforderlich. Wir sahen schon im allgemeinen Teil, daß das Unbewußte als Regulativ nur soviel an Anstößen und Forderungen vorgibt, wie auch verkraftet werden können.

Ein Mann träumt: „Meine Frau hält mir meinen Mantel vor und zeigt mir, wie sie aus der Tasche einen Fünfhundert- und einen Einhundertmarkschein herauszieht. Ich bin ganz überrascht.“ Eine angenehme Überraschung, kann man wohl sagen. Der Mann erfährt durch den Traum, daß er mehr in seinen Taschen hat, als er annahm. Allerdings bedarf er der Hilfe seiner Frau, um diese Erfahrung zu machen und das Geld aus der Versenkung herauszuholen. Dabei kann man für die Deutung des Symbols offen lassen, ob es sich um seine wirkliche Frau oder ob die weibliche Seite in ihm in Form seiner Gefühlsfunktion handelt. Beides gibt einen guten Sinn. Das Geld symbolisiert Möglichkeiten. Es ist eine Potenz, mit der man wie im materiellen so auch im psychischen Aspekt Verschiedenes kaufen und verwirklichen kann.

Statt Geld kann auch Holz oder Kohle als Libidosymbol im Traum auftreten. In ihnen steckt Energie, ihre Potenz wird im Feuer frei. Mit ihm ist es möglich, die Dinge in einen andern Zustand zu versetzen. Diese Fähigkeit zur Wandlung und Veränderung ist in diesem Symbol auch enthalten. Holz als Symbol seelischer Energie wird vom Unbewußten in folgendem Traum verwendet: „Ein Mann aus unserem Bekanntenkreis, der die Beziehung zu uns vor allem aus Interesse an meiner Frau aufrecht erhält, kommt unter einem Vorwand zu Besuch. Im Verlauf des Gesprächs bittet er um Holz, da er im Garten ein Fest feiern und dabei im Kamin ein Feuer machen wolle. Ich belade einen Schubkarren mit Scheiten, die an der Wand unseres Hauses aufgeschichtet liegen. Das Holz fahre ich ihm zu seinem Grundstück. Er geht neben mir. Unterwegs spiele ich in der Hand mit einem Kondom."

Für diesen Träumer ist es wichtig, daß er einen Vorrat an Holz hat, da er sich in seiner Kindheit und Jugend seinen Schulkameraden gegenüber von der sozialen Situation der Familie her schlechter gestellt sah. Nun hat er die Möglichkeit, einem Mann, mit dem er sich in seiner heutigen Stellung vergleichen kann, überlegen zu sein und etwas abzugeben. Die Überlegenheit an Potenz, die im Holz verkörpert ist, wird durch das Spielen mit dem Kondom auch auf den sexuellen Aspekt der Libido anwendbar. So sieht sich dieser Mann im Hinblick auf das Bemühen um seine Frau dem Rivalen gewachsen.

Trieb und Konflikte

Während das Bild der Pflanze, wie wir oben gesehen haben, den vegetativen Bereich veranschaulicht, stellt das Tiersymbol vor allem die Triebseite des Menschen dar. Dazu gehört alles, was mit unserem Leib zusammenhängt: Gebundenheit an Körper und Materie, Erdhaftigkeit, Naturverbundenheit, Vitalität, Warmblütigkeit. Weil wir diese Basis mit dem Tier gemeinsam haben, nennen wir dies den animalischen Bereich. Zu ihm gehört auch ganz zentral der Sexualtrieb, obwohl man davor warnen muß, im Trieb nur den körperlichen Aspekt zu sehen. Sexualität ist nicht nur Leiberleben. In der heterosexuellen Begegnung übersteigt der Einzelmensch seine Grenzen. Zeugend und gebärend wird ihm das Einbezogensein und auch die Geborgenheit im Ganzen erfahrbar. In der sexuellen Vereinigung entsteht ein Erlebnis, das einem religiösen Ergriffensein vergleichbar ist.

Die Mitteilungen des Unbewußten über die Träume geben oft Aufschluß darüber, wie der einzelne zu seiner Vital- und Triebseite steht. Der eine träumt von wilden Bestien, die sich auf ihn stürzen und ihn ängstigen. Beim anderen geht die Angst vor den Triebimpulsen von der Sexualität aus, weil er diese noch nicht zu integrieren vermag. Wegen dieser Abwehr und Verdrängung geht die Aussage des Unbewußten oft dahin, daß sich der Träumer mehr um seine Triebseite kümmern soll. Ein krasses Beispiel der Verdrängung und Abwertung seiner vitalen Kräfte träumt ein Mann in einem Bild: Er stopft eine große Schlange, die er als bedrohlich empfindet und die ihn ängstigt, in den Mülleimer und versucht, den Deckel zuzudrücken. In einem anderen Beispiel füttert eine Frau ihren Hund schlecht, so daß er ihr davonläuft. Sie erlebt sich nun im Traum auf der Suche nach dem verlorenen Tier.

Warum der Mensch seine Leibhaftigkeit ablehnt, muß im Einzelfall in der Analyse abgeklärt werden. Es kann seinen Ursprung darin haben, daß der Trieb aus langer Überlieferung verneint wird. Schon ein leibverneinendes Milieu und die entsprechende frühkindliche Erziehung bringen Erfahrungen und Verbote. Analog dazu entwickelt sich auch im psychischen Bereich eine negative Betrachtungsweise alles Leiblichen. Dadurch werden verdrängende Mechanismen ausgelöst. Dazu können psychische Verletzungen kommen, welche dem Kind schon in frühesten Jahren durch Erwachsene auf sexuellem Gebiet zugefügt werden. Diese sind nach neuesten Veröffentlichungen sehr viel zahlreicher, als wir seither angenommen haben. Immer wieder kann man auch feststellen, daß die Angst vor dem Trieb von der Person des Vaters oder der Mutter direkt übernommen wurde.

Auch eine andere Entwicklungsmöglichkeit ist bei der Triebfunktion möglich. Wenn die Triebe nicht mehr gesteuert werden können, kommt es zu einer Überflutung durch sie. Diese zeigt sich als eine Gier zu essen und zu trinken oder durch ein Beherrschtsein von sexuellen Bedürfnissen. Sie tritt ein, wenn wenig Ichkräfte einem starken Triebgeschehen gegenüberstehen und zu wenig Steuerung erfolgen kann. Der Mensch kommt dann mit seiner Vitalseite nicht zurecht, weil er kein Maß findet, das alle Bereiche in ihrer Funktion gelten läßt.

Darüber hinaus ist noch zu bedenken, daß die Angst vor Trieb und Leiblichkeit nicht allein durch Erziehung und negative Erfahrungen entstanden sein kann. Beim zivilisierten Menschen lösen alle Dinge Angst aus, die von der Ratio nicht ohne weiteres unter Kontrolle gehalten und beeinflußt werden können. Die Triebe des Menschen haben ihre eigenen Gesetze, die nicht immer mit Verstand und kausaler Logik übereinstimmen. Hier rührt der Mensch an irrationale Bereiche.

Die Hinführung zum Triebsymbol erfolgt im Traum oft sehr behutsam. Der eine träumt, er darf bei der Geburt von Schweinchen dabei sein. Die jungen Tiere kommen ihm wie Marzipanferkel vor. Er meint, es könne im Traum so gewesen sein, daß er sogar als Helfer herangezogen wurde. Es ist alles auf eine kindliche Form abgestimmt. In solcher Verharmlosung kann er diese Tiere annehmen und verkraften.

Ein anderer Mann wird von einem Zirkusbesitzer, der also mit vielen und auch wilden Tieren umgehen kann, zu einer ganz persönlichen Tierschau eingeladen. Dabei sieht er, daß in einem Zwinger ein Hund gehalten wird. Der Hund kommt ihm sehr groß vor. Zudem entdeckt er bei näherem Hinschauen, daß hinter dem Hund noch ein Wolf im Käfig ist. Er reagiert mit Angst auf diese Tiere. Der Hund greift mit seiner Pfote nach ihm. Der Zirkusbesitzer erklärt ihm zu seiner Beruhigung, daß der Hund mit ihm Kontakt haben wolle.

Einer Frau, die ebenfalls von Kindheit her der Triebseite voll Angst gegenüberstand, werden im Traum Tiere aus Kunststoff auf dem Fußboden liegend angeboten. Sie kennt solche Spielfiguren von ihren Kindern. Bei näherem Betrachten und im Zugehen auf die Tiere werden diese lebendig. Das Blickfeld erweitert sich. Ein ganzer Bauernhof wird sichtbar. Sie bringt die Tiere dort in die Ställe. Damit wird die Annahme und Einordnung der Triebkräfte vollzogen.

Das in unserer Kultur am häufigsten auftretende Triebsymbol ist der Hund. Er ist das Tier, das mit dem Menschen am engsten verbunden ist. Der Hund möchte mit seinem Herrn einen Vertrag auf Lebenszeit schließen. Umgekehrt ist der Mensch bereit, mit seinem Hund unter einem Dach zu leben und auch von seiner Seite aus Kontakt zu haben. Aus dieser Zuwendung entsteht ein enges Verhältnis. Der Hund wird deshalb oft als Ersatz für ein eigenes Kind oder einen Partner genommen. Unter dieser Voraussetzung gegenseitigen Wohlwollens ist es umso bedeutsamer, wenn im Traum Aufforderungen sich wiederholen, sich um seinen Hund zu kümmern und ihn anzunehmen. „Ich soll meinen Hund füttern“, ist die weitläufigste Formulierung. „Ich habe die Angst verbunden und spiele Blindekuh mit einem Hund.“ Dieser Träumer spricht noch gar nicht von *seinem* Hund. Er tappt in der Beziehung zum Tier noch völlig im Dunkeln. Dieses Bild zeigt, wie blind, kindlich und unbewußt er seinen Triebkräften gegenübersteht. Er spürt zwar, daß es einen „Hund“ gibt, aber er sieht und kennt ihn nicht. Eine persönliche Kontaktnahme und Führung des Tieres ist in dieser Form nicht möglich. Auch der Träumer, der seinen Hund auf den Rücken gepackt hat, vermeidet die Konfrontation und damit die Auseinandersetzung mit ihm. Nur darf er sich dann auch nicht wundern, wenn seine Triebkräfte ihm nicht zur Verfügung stehen. Er wird verständlicherweise seinen Hund als Ballast empfinden. In diesem Zustand fühlt er sich nicht frei. Der Hund ist es auch nicht. Dies wird sich an Stellen bemerkbar machen, wo es dem Träumer nicht lieb sein wird, weil verdrängte vitale Impulse, die nicht in sein Tagleben und Bewußtsein einbezogen werden, sich im Unbewußten verselbständigen und dort ein unkontrolliertes Eigenleben führen. Nicht immer muß der Hund ausgesperrt werden. In Traumbildern zeigen sich oft Entwicklungen, die vom reißenden, beißenden und gefährlichen Hund zu einer gegenseitigen Kontaktnahme und einem Zusammengehen führen, so daß am Ende das Tier beschützend in seiner vitalen Kraft im Traum wie auch in Wirklichkeit erscheint.

Wie alle Symbole will auch der Hund in das Bewußtsein kommen, damit die in ihm steckenden Kräfte verwirklicht werden können. Er meldet sich zum Beispiel im Traum so: „Ich bin in einem neuen großen Haus. Meine Frau ist auch zugegen. Die Wand nach draußen besteht aus einer großen Fensterscheibe mit Terrassentür. Die Tür ist schräg gestellt und dadurch oben leicht geöffnet. Da erscheint vor dem Fenster plötzlich ein großer Schäferhund. Er springt gegen das Fenster und will in das Haus. Der Hund kann sehr hoch springen und will oben in den Spalt der geöffneten Tür eindringen. Ich versuche, die Tür zu schließen. Der Hund läßt sich dadurch nicht abwimmeln. Ich lasse die Rolläden herunter. Im Haus mache ich Licht. Das Haus ist hell erleuchtet. Am Fenster sehe ich eine Weile das Spiegelbild des Schäferhundes."

In diesem Stadium seiner Beschäftigung mit dem Unbewußten hat der Träumer bereits mehrere Veränderungen in seiner Entwicklung hinter sich gebracht. Er befindet sich in einem neuen und großen Raum. Er hat also Platz, sich zu entfalten. Seine weiblichen Kräfte stehen ihm in Gestalt seiner Frau zur Seite. Für die Eindrücke von außen will er offen sein. Daher hat er mit einer großen Fensterfront und zusätzlicher Terrassentür sein neues Haus gebaut. Diese ist zwar nicht voll geöffnet, aber immerhin schräg gekippt. In dieser spannungslosen Bereitschaft erscheint der Hund. Sein Aufforderungscharakter bedeutet wohl: Nimm mich bei Dir auf, Du hast Platz und bist soweit, Du wirst die in mir vorhandenen Kräfte brauchen können. Der Hund naht sich in Form eines Schäferhundes. Er weist sich damit als ein dem Menschen dienender Aspekt aus. Schon die Form eines Wolfshundes hätte in der Deutung eine andere Färbung. Von ihm würden eher Bedrohung und Angst ausgehen.

Trotz der Annäherung des Hundes in dieser friedlichen Form zieht sich der Träumer in sein Haus zurück. Er schließt die Tür, damit der Hund nicht durch den Spalt unter der Decke eindringen kann. Die Sprungkraft des Hundes ist dem Mann schon bewußt. Zusätzlich läßt er die Rolläden herunter und schaltet die Beleuchtung im Haus ein. Vielleicht braucht er noch einige Zeit der Besinnung im eigenen Innern, bevor er dem Hund die Tür öffnen kann. Er muß ihn aushalten können, wenn er ihn hereinläßt. Dann erst wird er ihm seine Kräfte zur Verfügung stellen. Eine voreilige Auseinandersetzung kann eine Entwicklung stören und in Frage stellen. Deshalb gilt als Grundregel für die Begegnung mit dem Unbewußten: warten können. Dies trifft nicht nur für den Analysanden, sondern auch für den Analytiker in der gemeinsamen Arbeit zu. Das Spiegelbild des Hundes bleibt dem Träumer im Fenster erhalten. Er verliert ihn nicht aus den Augen.

Nicht immer kommt der Hund in seiner vollen Größe und Form auf den Menschen zu. „Ich fahre mit dem Auto auf einer nächtlichen Straße. Im Scheinwerferlicht sehe ich einen Igel auf der Fahrbahn. Ich weiche ihm aus, halte an und nehme ihn von der Straße. Als ich ihn hinter ein Gebüsch setzen will, verwandelt er sich in einen Hund. Er wird groß und hat ein geflammtes Fell. Dieses ist halb stachelig, halb haarig wie Fell. Die Schnauze des Tieres bleibt klein und hart. Der Hund öffnet sie und kann sprechen."

Der heutige Mensch erlebt sich häufig im Auto unterwegs. Damit wächst die Gefahr, daß man die Dinge auf dem Weg übersieht und überfährt. Dies gilt vermehrt auf der nächtlichen Straße. Hier kommt dem Träumer ein Igel in das Scheinwerferlicht seines Bewußtseins. Er nimmt das Tier trotz seiner Stacheln mit den Händen auf. Durch diese Zuwendung wird wie im Märchen die Verwandlung eingeleitet. Aus dem stacheligen, abweisenden Tier wird ein Hund, dem man in das Fell fassen kann. Der animalische Bereich wird dadurch zugänglicher. Das verwandelte Tier ist in der Lage, zum Menschen zu sprechen. Wenn dieser Mensch seine Triebseite bisher stachelig und unzugänglich gesehen und erlebt hat, wird ihm der verwandelte Hund sicher einiges zur Veränderung in seinem Leben zu sagen haben.

Eine ähnliche Verwandlung des Tiersymbols geht im folgenden Traum vor sich: „Ich stehe vor einem Graben, der angefüllt ist mit Schnee. Mir gegenüber auf der anderen Seite des Grabens ist eine gefährliche Ratte, die ich unangenehm und bedrohlich empfinde. Ich denke, durch den Graben mit Eis und Schnee wird sie nicht durchkommen. Aber sie kommt doch herüber. Neben mir steht eine mir unbekannte Frau. Sie geht der Ratte entgegen und füttert sie, indem sie ihr Häppchen hinhält, nach denen die Ratte hochspringt wie ein kleiner Hund. Schließlich verwandelt sich die Ratte in einen Hund und geht mit uns weiter. Ich habe dabei ein gutes Gefühl."

Der Träumer erlebt seine Triebseite zunächst als Ratte, die abgespalten im Untergrund ihr Dasein führt und dadurch eher schädlich und bedrohlich empfunden wird. Zwischen ihm und seiner verdrängten Vitalität hat sich ein tiefer Graben gebildet, der außerdem von Schnee und Eis überzogen die erstarrte, frostige und unlebendige Situation des Analysanden unterstreicht. Die abgespaltenen Triebkräfte werden als Schädling dargestellt, der wegfrißt und verwüstet. Die Veränderung seiner Situation wird durch seine weiblichen Kräfte eingeleitet, die im Traum als unbekannte Frau neben ihm eingebracht sind. Die weiblichen Funktionen im Menschen sind durch ihre Natur- und Erdverbundenheit mehr befähigt, die Verbindung zu diesen Triebkräften herzustellen. Wie im vorhergehenden Traum erfolgt die Umwandlung von der Ratte zum Hund durch entsprechende Zuwendung, indem diese Frau das Tier füttert. Mittels dieser psychischen Kraft kann der Träumer die Begegnung mit der Ratte zuwegebringen, aushalten und vom negativen Aspekt in den positiven verändern. Die in der Jungschen Psychologie als Anima bezeichnete weibliche Seite tritt als führende Funktion auf und zeigt, daß über die Zuwendung und den richtigen Umgang mit der Triebseite diese Kräfte sich verwandeln und integrieren lassen, wie es im Traum mit dem Hund geschieht, der am Ende als Begleiter mitgeht.

Viele Menschen unserer Zeit werden in ihren Träumen vom Unbewußten darauf aufmerksam gemacht, daß die Triebfunktion gestört oder krank ist. Die Lebenssituation des heutigen Menschen läßt ihn nur schwer die richtige Einstellung zum Trieb finden. Entsprechend seiner kulturhistorischen Tradition neigt er vordergründig dazu, ihn zu verdrängen und den Verzicht höher zu bewerten als das Leben mit diesen Kräften. Die psychologische Erfahrung lehrt jedoch, daß aus der Verdrängung ein kompensatorisches Bedürfnis entsteht, dem der einzelne ausgeliefert ist. Weil ihm von keiner Seite und Institution Anleitung, Hilfe und Erziehung im Umgang mit den Triebkräften angeboten wird, muß er sich selbst seiner Situation bewußt werden. Dies gilt unabhängig davon, ob sich der Trieb in seiner Richtung auf Sexualität oder Eß- und Trinkgewohnheiten auswirkt. Unter diesen Voraussetzungen kann selbst eine Vitalität, die im Traum als Löwe dargestellt wird, krank werden und darauf aufmerksam machen, daß man sich mehr um diese Kräfte kümmern müsse: „In einer Turnhalle, welche seither als Krankenstation für Tiere gedient hat, war ein kranker Löwe an Eisenrohren festgebunden. Als ich nach ihm schauen will, ist es plötzlich ein großer Orang-Utan-Mann. Er scheint dort mit Kokosseilen und Lianen festgebunden zu sein, weil er schwach ist. Ich beobachte ihn von einer Tribüne aus. Der Affe beginnt sich zu räkeln und sich aufzurichten. Er wird zu einem menschlichen Wesen männlichen Geschlechts, das nur noch in den langen Armen und Beinen an einen Affen erinnert, springt von seinem Platz auf und bewegt sich lebhaft in der Turnhalle. Ich will mit ihm in ein Gespräch kommen und stelle ihm verschiedene Fragen. Er geht nicht darauf ein, sondern greift mir an die Kehle. Dies ist jedoch nicht bösartig gemeint, sondern mehr läppisch, um mich zu kitzeln. Ich bin ganz kraftlos und unfähig, mich zu wehren."

Als Ort des Traumes ist eine Turnhalle gewählt, weil dort die körperlichen Kräfte bei Sport und Spiel direkt eingesetzt werden können. Der Löwe, nach der Fabel der König der Tiere, ist krank. Als der Träumer nach ihm schauen will, setzt bereits durch diese geringe Zuwendung eine Verwandlung ein, die den Gesundungsprozeß einleitet. Hinwendung zu dem bisher abgelehnten Lebensbereich bedeutet hier, sich um den erkrankten, vernachlässigten Teil zu kümmern und ihm seelische Energie zur Verfügung zu stellen. Auch im Zwischenstadium des Orang-Utans sind die Triebkräfte noch schwach und müssen von außen gestützt werden. Die Aufmerksamkeit des Bewußtseins, welche durch die Beobachtung von der Tribüne aus dem Affenmann zuteil wird, fördert die Entwicklung, so daß ein menschliches Wesen entsteht, das nur noch mit den unproportionierten Armen und Beinen an das vorhergehende Stadium erinnert. Das Annehmen der Triebkräfte in dieser vermenschlichten Form ist für den Träumer sicher leichter möglich. Er versucht auch sofort durch ein Gespräch Kontakt aufzunehmen. Dies gelingt nicht vollständig. Die Triebfunktion betätigt sich zwar in der Turnhalle und scheint sich dabei ganz wohl zu fühlen, führt aber doch noch ein Eigendasein und läßt sich nicht sofort und vollständig in die Persönlichkeit einbeziehen. Die Begegnung erfolgt auf spielerischer, vielleicht auch kindlicher Ebene. Der Träumer kann über die neuen Kräfte noch nicht verfügen. Er fühlt sich ihnen eher etwas hilflos ausgesetzt. Der weitere Entwicklungsprozeß wird die tiefere Annahme und auch das Hereinnehmen in den eigenen Persönlichkeitsbereich ermöglichen.

Während die Triebseite beim männlichen Träumer bevorzugt vom Hund dargestellt wird, überwiegt beim weiblichen Geschlecht die Katze als Symbol für die animalische Seite. Eine Träumerin entdeckt eine kleine Katze unter ihrem Küchenschrank. Da diese so schwach ist, muß sie ihr Milch geben. Die Katze ist im weiblichen Bereich, der Küche, angesiedelt. Nach alter Tradition ist die Frau mit der Wahrung des Feuers im häuslichen Herd betraut. Hier findet sie auch die Katze. Diese ist noch klein und muß Zuwendung und Pflege erfahren, damit sie nicht mehr unter dem Schrank sitzen muß, sondern sich frei bewegen kann.

Die Katze als Symbol der Weiblichkeit wird uns verständlich, wenn wir beobachten, wie dieses Tier in seinen Verhaltensweisen stets der Natur verbunden bleibt. Sie gilt allgemein als nicht voll domestizierbar. Auch die Frau ist in ihrem Wesen der Natur mehr zugewandt, während der Mann durch rationale und sachbezogene Reaktionsformen sich eher distanzieren kann. Allein schon in ihrem körperlichen Zyklus erlebt die Frau das Einbezogensein in die kosmischen Abläufe. Sensibilisierung und Weichheit haben Katze und die von Weiblichkeit geprägte Frau gemeinsam. Sie treten auf mit Sammetpfötchen und tragen ihre Krallen im Gegensatz zum Hund eingezogen. Die Frau gebraucht ihre Fähigkeiten zur Aggression und Wehr nur unter bestimmten Voraussetzungen. In der ägyptischen Mythologie verkörperte schon im zweiten Jahrtausend vor unserer Zeitrechnung die katzengestaltige Göttin Bastet den Aspekt der Milde beim ägyptischen König. An diesem Beispiel läßt sich aufzeigen, daß auch die weibliche Seite des Mannes durch das Symbol der Katze ins Bild gesetzt werden kann.

Eine Analysandin sah sich im Traum auf einem ausländischen Markt. Dort werden Tiere angeboten. In einem Korb liegen drei weiße Katzen. Sie sind ineinandergeringelt. Beim Vorübergehen sieht die Träumerin Blutspuren an ihrem Fell. Sie hebt eine Katze hoch und bemerkt, daß diese am Bauch blutet. Auch die beiden andern Katzen bluten.

Um ihre Triebseite zu entdecken, muß diese Frau den Umweg über das Ausland nehmen. Im Elternhaus war ihr dies nicht möglich. Dort war dieser Bereich aus falsch verstandener Moral tabuisiert. Ihre weibliche Form wird ihr in Gestalt der Katze vor Augen geführt. Durch die dreifache Erscheinung wird dem Symbol wie im Märchen Nachdruck verliehen. Allerdings ist die Träumerin noch nicht auf die eine, nämlich ihre Katze konzentriert. Die Weiblichkeit der Katze wird noch unterstrichen durch ihre weiße Farbe. In der Gegenüberstellung von männlich und weiblich wählt das Unbewußte, wie wir im letzten Kapitel des Buches noch ausführlicher sehen werden, für den Mann die rote Farbe, während die Frau in Weiß abgebildet wird. Diese Tradition ist durch alle Kulturen und Zeiten zu beobachten, wie die Abbildungen vom Stiersprung im Museum von Heraklion auf Kreta bis zu den Gemälden von Marc Chagall beweisen. Zur weiblichen Funktion gehört aber auch das Bluten-können im monatlichen Zyklus. Nach Aussagen der Träumerin waren die Katzen am Bauch nicht verletzt. Vielmehr erinnerte sie dieses Blut an ihre eigene monatliche Blutung. Das Wahrnehmen und Annehmen der gesamten Weiblichkeit wird im Bild auf dem Markt der Analysandin angeboten. Die Ablehnung einer Teilfunktion, wie sie sich symptomatisch in psychogenen Menstruationsstörungen zeigen kann, wirkt sich störend auf die weibliche Entwicklung aus.

Wenn die Katze angenommen und gefüttert wird, kann sie sich zu einer Größe auswachsen, daß ihre Einordnung in die Persönlichkeit Schwierigkeiten macht: „Ich bin in meiner Wohnung und habe in meinem Zimmer eine Katze. Es ist mir nicht ganz geheuer mit ihr. Sie geht mir nach ins Treppenhaus. Plötzlich befinde ich mich im Vorgarten und schaue über den Zaun. Da ist Jahrmarktrummel mit Karussell und Zirkus. Auf einmal springt die Katze über den Zaun. Ich stelle fest, daß es ein großer schwarzer Puma ist. Mir wird angst und bang. Ich ziehe mich ins Haus zurück."

Als Einfälle zu dem Traum gibt die Analysandin an, daß sie schon als Kind eine Katze haben wollte, aber nie eine erhielt. Doch liebe sie nur kleine, junge Katzen, mit denen man leicht schmusen könne. Aus ihrem Lebenslauf geht hervor, daß sie ihre Triebseite unterdrücken mußte, weil sie sich voll an die Forderungen und Verbote des Elternhauses anpaßte. Im Traum meldet sich die Katze und will über den engen Bereich des Zimmers hinaus. Der Weg führt über Treppenhaus und Vorgarten an den Zaun. Draußen lockt die bunte Welt von Jahrmarkt und Zirkus. Das bedeutet die Vielfalt des Lebens, wie es auch in Werken von Künstlern immer wieder gestaltet wurde. Durch die Verlockung dieser Welt entwickelt sich die Vitalität dieser Frau. Die Katze wird zum schwarzen Panther und überspringt die seitherige Grenze. Der Träumerin wird angst und bang. Sie will sich in ihr Haus und damit auf sich zurückziehen, weil sie spürt, daß sie den Umgang mit Katzen dieser Größe noch lernen und üben muß.

Die Großkatze zu bestehen, ist auch das Thema des nächsten Traumes: „Um einen Tisch sitzen viele Frauen. Ich möchte, daß ein Tiger kommt, obwohl die andern dagegen sind und sich fürchten. Als der Tiger nun um das Haus schleicht, schließe ich die Glastüre. Aber er kommt trotzdem herein. Er geht von einer Frau zur andern. Wenn sie stillhalten, geht er weiter. Als er bei mir ist, beginne ich zu zittern, obwohl ich weiß, daß dies nachteilig ist. Der Tiger bleibt so lange vor mir stehen, bis ich ganz ruhig bin. Dann geht er weiter. Bei einer jungen Frau beginnt er zu schmusen. Als ich darüber staune, erfahre ich, daß diese Frau keine Angst vor Männern habe."

In diesem Bild sind Frauen unter sich. Dem Trieb gegenüber herrscht Ambivalenz. Einerseits besteht allgemein die Angst vor dem Tiger, andererseits ist die Träumerin soweit, daß sie der Versuchung, eine Konfrontation mit dem Trieb zu wagen, nicht widerstehen kann. Der Tiger kommt durch die verschlossene Tür. Allerdings ist der Widerspruch in der Haltung dieser Frau bis in den Wortgebrauch zu ersehen: Diese Tür, die sie selbst verschließt, ist eine „Glas"tür. Die Durchlässigkeit für das Bild des Tigers ist also gegeben. Die Träumerin schützt sich hinter einer isolierenden Glasschicht und kann die lebendige Begegnung noch nicht zulassen. Auch im Märchen und in der Mythologie muß bei entscheidenden Entwicklungsschritten das, was ängstigt und gefährlich ist, ausgehalten und bestanden werden. Der Schluß des Traumes weist mit der Figur der „jungen" Frau in die Zukunft. Wenn man keine Angst vor der Triebfunktion, die hier als Sexualität formuliert ist, hat und sie annimmt, wird sie selbst in dieser Form der großen, aggressiven Katze zutraulich und geht auf ihr Gegenüber ein. Dann können diese Kräfte in die Persönlichkeit integriert werden und stehen zum Leben zur Verfügung.

Die Entwicklung der Katze kann auch durch die Umwelt gestört werden. Im folgenden Beispiel war es zunächst die Mutter, die ihre älteste Tochter bei fünf Kindern im Haushalt gut brauchen konnte und dabei größten Wert darauf legte, daß sie fleißig arbeitete. Nach Rückkehr des Vaters aus der Kriegsgefangenschaft forderte er ebenfalls fleißigen Einsatz auf schulischem und intellektuellem Gebiet, da er ein Studium für richtig und notwendig hielt. Wie der folgende Traum zeigt, blieb daher die weibliche Katze auf der Strecke zugunsten der fleißigen Biene: „Ich sehe viele strohgeflochtene Bienenstöcke. Sie sind um einen alten Birnbaum aufgebaut und wirken dadurch wie ein Strohhaufen. Auf diesem Strohhaufen klettern Katzen herum, um die Bienen zu fressen. Ein Imker steht vor den Bienenstöcken mit Schutzhaube und Pfeife. Eine Katze liegt erschossen auf dem Stroh. Sie sieht wie unsere Lilli aus. Ich denke, ob der Imker sie wohl umgebracht hat. Er hätte sie auch nur verscheuchen können." Der Vater steht als Imker vor seinen Bienenstöcken. Er war ein Mensch, der einem emsigen Tun entsprechend dem Fleiß der Biene den Vorrang gab vor der Weiblichkeit in Gestalt der Katze. Diese Auffassung hat die Träumerin zu ihrer eigenen gemacht.

Ein späterer Traum spricht das Thema Fleiß erneut an, doch nimmt diese Frau darin in veränderter Form Stellung: „Mein Mann und ich kommen in unser neues Haus. Es ist innen noch leer. Unsere künftigen Nachbarn kommen dazu und sagen: Sie also sind diejenigen, die so überfleißig sind und abends zuletzt ins Bett gehen und morgens als erste aufstehen. Darauf erwidere ich: Nein, solche Frühaufsteher sind wir gar nicht." Der Ruf, fleißig und schaffig zu sein, war also schon bis zu den neuen Nachbarn vorausgegangen. Früher glaubte sie, auf diese Art von den andern Anerkennung zu erhalten. Nun erfolgt in diesem Traum die Abkehr von der alten Haltung. In Wirklichkeit war die Träumerin in diesen Wochen in ein neues Haus umgezogen. Von ihrem Unbewußten wird dies als Chance erkannt und ihr der Vorschlag gemacht, sich von den Erwartungshaltungen der Umwelt nicht mehr bestimmen zu lassen, sondern der Entwicklung ihrer eigenen Weiblichkeit Kraft und Zeit zuzuwenden.

Auch in den Träumen eines Mannes kann die Katze vorkommen. So träumte ein Mann, daß in seinem Haus sich sehr viele Katzen herumtreiben und daß er diese aus dem Haus jagen müsse. Auf der Stufe der äußeren Wirklichkeit gedeutet und unter Berücksichtigung der Einfälle des Mannes sagt dieses Bild dem Träumer, daß er sich zu leicht von verschiedenen Frauen beeindrucken läßt und daß hier eine Auswahl und Konzentration nötig wird. Gleichzeitig geht die Aussage aber auch dahin, daß er mit seiner eigenen weiblichen Seite zu sehr auf einer triebhaften Stufe lebt und dies zu einer Dominanz und Überschwemmung durch diese unentwickelte Weiblichkeit führt. Er hat in sich zu wenig Männlichkeit entfaltet, so daß er durch Verschiebung der Relation innerhalb der geschlechtsspezifischen Akzentuierung in vieler Hinsicht zu sehr nach undifferenzierten weiblichen Verhaltensweisen lebt. Dabei müßte man bei genauer Formulierung eher das Eigenschaftswort weibisch als Vorstufe des Weiblichen verwenden, so wie es auch beim Verhalten des Kindes die Formen kindlich und kindisch zu unterscheiden gilt. In unserem Beispiel handelt es sich um einen Mann, der männlich-strukturierende Kräfte nicht entwickeln konnte und darum immer wieder Haltlosigkeiten verfiel.

Neben der Katze tritt das Symbol des Hasen sehr häufig auf, wenn es darum geht, Komponenten der weiblichen Funktion ins Bild zu setzen. Der Hase wird in buddhistischen Darstellungen häufig mit dem Mond zusammengebracht und oft in diesem abgebildet. Bei uns bringt er als Osterhase das Ei als Symbol des Lebens zum Auferstehungsfest. Während die Katze die weibliche Weichheit und Wärme allgemein ausstrahlt, steht der Hase für hohe Fruchtbarkeit. Er erhält seine Art biologisch durch die große Zahl der Jungen. Im Hasensymbol ist aber nicht nur die eigentliche Fertilität in der Zahl der Nachkommen angesprochen. Als entscheidende Aussage ist auch darin enthalten, mit welcher Leichtigkeit die Häsin ihre Jungen „setzt".

Eine Frau äußert im Traum den Wunsch, im Keller dem Hasen einen Stall zu bauen. Sie will in ihren tieferen Schichten den Hasen ansiedeln, damit er von dort aus seine Wirkung entfalten und in ihre weiblichen Bereiche ausstrahlen kann. Damit würde auch ihr unbewußter Wunsch, es im Gebären dem Hasen gleichzutun, erfüllt. Dabei muß das Gebären nicht nur wörtlich in biologischer Sicht verstanden werden. Es gilt auch für das Zur-Welt-Bringen in übertragenem Sinn. Dadurch hat dieser Traum für die weitere Entwicklung dieser Frau seine Bedeutung. Die weibliche Form der Kreativität ist auf der einen Seite das Austragen und Reifenlassen, zum andern aber auch die Fähigkeit zu gebären. Das bedeutet, das Ausgetragene zur Welt zu bringen.

Das lebenserhaltende und nährende Muttersymbol ist aus langer Überlieferung in der Kuh zu sehen. Ursprünglich ist sie bei allen indogermanischen Völkern heilig und unverletzlich. Im

Hinduismus hat sich dieses Gesetz bis heute erhalten. In der altgermanischen Mythologie ist die Kuh das älteste Lebewesen. Von den vier Milchströmen ihres Euters nährt sich der Urriese Ymir. Sie leckt mit ihrer Zunge den Stammvater der Götter aus dem Eis. Damit setzt sie die Entwicklung der Schöpfung von den Göttern zu den Menschen in Gang. Auch in der griechischen Tradition hat die Kuh einen hohen Stellenwert. Hera, die Schwester und Gemahlin des Zeus, welche die Rechte der Frau in der Ehe beschützt und verteidigt, wird von Homer als die „Kuhäugige" bezeichnet. Die Kuh ist das ihr entsprechende Opfertier.

Das Bild der nährenden Mutter wird von einer 18jährigen in der heutigen Erlebensweise so gesehen: Eine große Kuh steht mit gespreizten Beinen über einem Fließband, welches in Längsrichtung unter ihr durchläuft. Auf diesem Band werden Milchflaschen transportiert. Diese werden unter dem Euter der Kuh angehalten. Die Milch ergießt sich aus jeder Zitze in eine Flasche. Dann ruckt das Band weiter. Die Träumerin hat dabei das beruhigende und angenehme Gefühl, daß die Milch der Kuh für alle Zeiten noch reichen wird. Eine in moderner Form geträumte Darstellung der uralten Vorstellung, daß die Quelle der nahrungspendenden Mutter sich nie verausgaben kann! Aus diesem Wunsch nach der nie versiegenden Quelle entstanden in den Kulten Kleinasiens die Abbildungen von Muttergottheiten mit einer Vielzahl von Brüsten, wie sie uns in der Diana von Ephesus noch erhalten ist.

In der analytischen Praxis kommt die Kuh in den letzten Jahren seltener vor. Das Element des ruhenden, passiven, mütterlichen Grundes scheint zurückzutreten gegenüber den Symbolen der Auseinandersetzung im Triebkonflikt in der eigenen Person wie auch innerhalb der Geschlechter untereinander. Wahrscheinlich läßt auch der Prozeß der Ablösung von der Mutter, wie er zur Verselbständigung notwendig ist, das Genießen des friedlichen, paradiesischen Zustandes nicht zu. Der negative Aspekt der Mutterbeziehung in Form der fesselnden und fressenden Hexe verdeckt häufig den positiven.

Die Abwertung der Triebfunktion, wie sie in langer Tradition aus der körperfeindlichen Linie unserer Kultur heraus entstand, findet auch beim Symbol ihren Ausdruck. Das Trieberleben wird zur Schweinerei und dementsprechend in diesem im Sumpf wühlenden Tier dargestellt. Während ihrer Analyse malte eine Frau mit Farbstiften dieses Bild: Sie sitzt in der Mitte des Blattes gekleidet wie eine Prinzessin mit langen Gewändern und offenen Haaren in der Mondsichel. Sie lehnt sich in die Rundung zurück. Ihre Hände spielen mit kleinen Sternen. Hinter ihr und durch eine mit deutlichem Abstand abgesetzte Linie getrennt fliegen verschiedene Formen von Hexen durch die Luft und füllen die rechte Seite des Blattes. In der linken unteren Ecke steht eine Gruppe von fünf bis sechs Schweinchen, rosarot, mit Ringelschwänzchen. „Diese sind die Männer", sagt die Malerin als Erklärung für diese Tiere. Sie schwebt mit ihrem Platz in der Mitte des Bildes über ihnen.

In diesem Bild wird die Entwertung der Sexualität im Symbol des Schweins unterstrichen durch die Überhöhung, mit der sich die Malerin selbst darstellt. Sie rückt sich in den Mittelpunkt ihrer Welt und sieht sich als Prinzessin und Vertreterin der Mondgöttin. Diese betont weibliche Rolle bleibt jedoch Utopie, in die sie sich flüchtet. Die irdische Weiblichkeit und der negative Aspekt des Weiblichen werden noch völlig abgelehnt und verdrängt. Dieses Verdrängte meldet sich im Bild in Gestalt der Hexen. Das Unbewußte will ihr dies mitteilen und führt ihr bildlich vor Augen, wie sehr sie sich selbst idealisiert. Unberührt schwebt sie über der Erde und hat keine Möglichkeit, Kontakt zu nehmen. Männer sieht sie im Symbol des Schweins in der Verkleinerungsform rosarot und mit Ringelschwänzchen verniedlicht, abgewertet und distanziert. Von dem Zustandsbild, das die Malerin hier festgehalten hat, ergeht die Aufforderung für die weitere Entwicklung, aus der Egozentrizität ihrer Weltanschauung abzugehen, von ihrem Thron herabzusteigen und sich mit der in Form der verdrängten Hexen bei sich introjizierten negativen Muttererfahrung auseinanderzusetzen. So würde die Annäherung an die eigene Verwirklichung möglich. In der Symbolsprache ausgedrückt würde dann aus dem Schwein vielleicht ein Meerschweinchen, das weniger negativ besetzt ist und daher angenommen werden kann. In der Weiterentwicklung könnte sich die Auseinandersetzung mit Katze oder Hund melden.

Die Ablehnung, die das Symbol des Schweins hervorruft, trifft im folgenden Text die Träumerin selbst: „Ich sehe ein Quadrat. In der Mitte steht ein Schwein, rosarot, ganz sauber, kein Pünktchen Dreck daran und schön fett. Es schaut mich an, beobachtend, ohne Emotion, nicht traurig, nicht lachend. Das Quadrat ist ausgefüllt durch schwarzes Lavagestein. Der Stein erscheint sehr glatt, keine Erde, kein Grün, kein Dreck. Ich bin das Schwein. Ich weiß um meine Verlassenheit. Doch empfinde ich diese Ausnahmesituation, ein Schwein zu sein, als normal."

Wie im vorhergehenden Bild sieht sich auch diese Träumerin zwar im Mittelpunkt ihrer Welt, aber abgelehnt und wie sie meint als „armes Schwein". Das Schwein wird abgewertet und damit auch abgewehrt. Sie identifiziert sich mit dieser Rolle, obwohl der Traum betont, daß sie der Sauberkeitsforderung Genüge leistet. „Kein Pünktchen Dreck daran" deutet an, daß dieser Mensch die Abwertung mit großem Bemühen um penibles Rechtmachen und um Perfektion zu kompensieren versucht. Dadurch ist eine ausgesprochene Sterilität entstanden. Sie steht völlig isoliert in einer schwarzen Leere. Der Boden ist glatt. Auf ihm kann man nicht Fuß fassen oder sich gar einwurzeln. Es wächst kein Grün. Diese Frau erlebt sich in ihrer Umwelt isoliert und ins Abseits gestellt. Das entspricht ihrer tatsächlichen Situation: Zum Zeitpunkt des Traumes ging es ihr recht schlecht. Ihre Ehe war gerade geschieden worden. Sie versucht, diese Isolierung durch Betonung der persönlichen Rechtmacherei zu kompensieren, zeigt aber keine Gefühlsreaktion. Sie tut, als ob das alles spurlos an ihr vorübergehen müßte. Zu der im Traum erlebten Sterilität gehört auch die seitherige emotionale Sperre und die Verweigerung der Annahme des Leidens. Erst am Schluß des Traumes läßt sie die Verlassenheit zum Bewußtsein kommen. An dieser Stelle keimt die Bereitschaft auf, ihre Situation anzunehmen.

Der helfende und heilende Sinn und Impuls der Hinweise aus dem Unbewußten wird deutlich in einer Serie von Träumen, in welchen Tiere als Symbole der vitalen Funktion zur Welt gebracht oder gesund gepflegt werden sollen*. Eine Teilnehmerin

---

* Vgl. Hildegund Fischle-Carl, Vom Glück der Zärtlichkeit, Herder Verlag 1984, S. 64/65

einer analytischen Gruppentherapie träumte: „Viele verschiedene Tiere bekommen Junge. Ich bin dabei Geburtshelferin. Da alle Tiere ungefähr zur gleichen Zeit gebären, müßte ich eigentlich überall gleichzeitig sein. So bitte ich Frau T. aus unserer analytischen Gruppe, die kleinen Tiere wie Hasen und Meerschweinchen zu betreuen, während ich bei den großen Tieren (Hunde, Pferde und auch wilde Tiere) bleibe und diesen helfe."

Die Träumerin befaßt sich schon längere Zeit mit ihrer seither verdrängten Vitalität. Ihre Angst vor der Leiblichkeit und damit verbunden auch vor der Sexualität ist schon soweit abgebaut, daß sie sich zutraut, auch mit den Symbolen der starken Triebkräfte in Gestalt der großen, ja sogar wilden Tiere umzugehen und ihnen zum Leben zu verhelfen. Dagegen schätzt sie Frau T., die erst kürzere Zeit an derselben analytischen Gruppe teilnimmt, noch ängstlicher und vielleicht auch ungeschickter, mindestens ungeübter im Umgang mit ihrer Vitalität ein. Daher kann man ihr eher die kleinen Tiere überlassen. Immerhin ist die Träumerin sich über die andere Gruppenteilnehmerin soweit klar, daß diese auch beim Zur-Welt-Bringen von Triebkräften beteiligt sein soll und dies auch für sich selbst braucht. Daß der Urheberin des Traumes die Rolle der großen Schwester in der Gruppenkonstellation gut tut, soll nur erwähnt werden. Darauf einzugehen würde über das Thema dieses Buches hinausgehen. Bei der Deutung des Traums auf der Subjektstufe ist Frau T. ein Teil der Träumerin selbst, dem sie nun Aufgaben der Betreuung und Zuwendung in ihrem eigenen Innern zuweist.

Wenige Tage danach berichtete dieselbe Frau einen Traum, in dem es wieder darum geht, Tiere durch persönliche Zuwendung, vor allem über das Anschauen zu beleben. „Ich gehe mit Frau Sch. aus unserer Gruppe spazieren. Am Wegrand entdecke ich eine Schlange. Sie sieht aus wie ein Regenwurm, der auf der Straße vertrocknet ist. Bei näherem Hinsehen merke ich, daß die Schlange sich bewegt und ihr Maul aufmacht. Ich mache Frau Sch. auf das Tier aufmerksam. Sie bleibt bei ihm stehen. Ich gehe den Weg weiter und komme zu Nilpferden. Diese stehen zunächst ebenfalls leblos da. Als ich mich ihnen zuwende und sie näher betrachte, werden sie lebendig."

In diesem Traum wird aufgezeigt, daß sich das Lebendige nur

erschließt, wenn man sich ihm zuwendet und schauen und wahrnehmen lernt. Dann wird der vertrocknete Regenwurm wieder lebendig und entwickelt sich zur Schlange, der geheimnisvollen und tiefgründigen Trägerin des Lebens. Selbst bei den im Wasser stehenden plumpen und undifferenzierten Tieren macht die Träumerin dieselbe Erfahrung. Durch ihre Zuwendung erwachen sie zum Leben.

Mit dem geburtshelferischen Akt ist es noch nicht getan. In diese neu zuwachsenden Kräfte muß Ordnung und Struktur gebracht werden. Das kann im Bild so ausgedrückt werden: „In einem Stall eines Hofguts stehen die Tiere ungeordnet durcheinander. Es sind da Pferde, Kühe, Schweine und anderes Viehzeug. Es gibt keine Boxen. Alles geht drunter und drüber. Ich habe einen guten Anzug an. Dieser wird in diesem Durcheinander durch Tritte der Tiere beschmutzt." Diesem Mann wird von seinem Unbewußten dargetan, daß er sich um die durch den analytischen Prozeß in seinen Ställen sich vermehrenden Tiere kümmern muß und sie nicht einfach durcheinander laufen lassen kann. Mit dem Kräftezuwachs ist der Analysand meist gern und schnell einverstanden. Ihn jedoch sinnvoll einzusetzen, erfordert Einsicht und Umsicht durch differenziertere Bewußtmachung. Aus der Distanz und im guten Anzug ist im Stall nicht viel auszurichten. Hier muß analytische Kleinarbeit geleistet werden, die sich an Lebensgeschichte, Fehlentwicklung und Problematik orientiert.

Für das Anfangsstadium der Entwicklung der emotionalen Funktion wird als Symbol häufig das Meerschweinchen gewählt. Wenn ein Mensch kaum des Kontakts zum andern fähig ist und wenn er Gefühle nur in kleinster Dosierung erleben kann, entspricht diesem Zustand im Traum der Umgang mit diesem Tier. An ihm kann man am ehesten den Lernprozeß des Austauschs von aktiver Zuwendung und passivem Wiederbekommen erfahren. Oft führt dies auch in Wirklichkeit zum Kauf und zur Haltung eines solchen Tierchens. Eltern, die für die Entwicklung der Gefühlsfunktion ihrer Kinder etwas tun wollen und die im beratenden Gespräch diese Frage anschneiden, wird man ein Meerschweinchen empfehlen. An ihm kann sich auch beim Erwachsenen die emotionale Zuneigung entwickeln. In der analytischen Arbeit habe ich mehrfach beobachten können, daß ein Meerschweinchen zum Träger und Vermittler des Gefühlserlebens wurde. Eine Frau, die in ihrer emotionalen Entwicklung auch den Weg über das Meerschweinchen gegangen war, schickte mir zwei Jahre nach Abschluß ihrer Analyse die Geburtsanzeige ihres ersten Kindes und schrieb dazu: „Das ist nun mein Meerschweinchen."

Die Zuwendung, die einem Tier gegenüber erbracht wird, bedeutet nicht eine Verminderung der Möglichkeiten, dies auch einem Menschen gegenüber zu tun. Die Vorstellung, daß dadurch einem Menschen etwas abgezogen und dem Tier zugeteilt wird, ist irrig. Nur eine sehr mechanistische Anschauung kann zu dem Schluß kommen, daß ein Mensch das entbehren müßte, was an Zärtlichkeit dem Tier zugeführt wird. Daß Fehlhaltungen in der Liebe zum Schoßhund möglich sind, heißt nicht, daß jede Zuwendung zum Tier eine Fehlhaltung sein müßte. Wenn die Beziehung zu einem Meerschweinchen oder zu einem Hund dazu führt, daß ein Mensch seine Gefühlsfunktion überhaupt entdeckt und langsam aufbaut, werden auch die Menschen seiner Umgebung davon Gewinn haben. Wer fühlen kann und liebt, wird in seinem Verhältnis zwischen verausgabten und nachströmenden Kräften immer einen Zuwachs zu seinen eigenen Gunsten feststellen.

Wie die Zuwendung zur Gefühlsseite vom Unbewußten im Traum nahegebracht wird, vermittelt dieser Traum einer 30jährigen Frau: „Ich bin in meiner Wohnung. Mein Vater kommt und sagt: Ich bringe Dir die Meerschweinchen zur Pflege. Ich nehme sie im Käfig an mich. Bei näherem Betrachten sind es keine Meerschweinchen, sondern eher Menschenaffen. Der Käfig ist plötzlich nicht mehr da. Im Gegenüber mit einem Affenmännchen spielt sich zwischen mir und ihm eine rituelle Begrüßung ab. Es ist eine Art Klatschspiel, wie es Kinder mit den Händen gegenseitig tun. Zu meiner Freude spielt der Affe willig mit. Wir sind in vollem Einvernehmen, während mein Vater dabeisteht und mir gegenüber seine Besorgnis äußert, der Affe könnte aggressiv werden und mich mit seinen Armen mühelos erdrücken. Ich weise das lächelnd zurück."

Zunächst werden auch hier im Traum Meerschweinchen zur

Pflege gebracht. Dieses Stadium ist kurz und geht rasch vorüber. Die Träumerin nimmt die Tiere zu sich. Bei ihr verwandeln sie sich in eine Art Menschenaffen. Die trennenden Gitterstäbe sind aufgelöst. Die Analysandin ist sofort zur Kontaktnahme bereit. Sie vollzieht sich recht spielerisch durch ein kindliches Ritual. Die Träumerin hat keine Angst vor dem Triebsymbol. Sie wehrt die Bedenken des Vaters ab und ist sich sicher, mit diesen Tieren umgehen zu können.

Wenn die Annahme der Vitalseite vollzogen werden kann, ist der nächste Schritt die Aufgabe, sich mit seiner jeweiligen Geschlechterrolle zu identifizieren. Der Mann muß seine Triebseite in männlicher Form, die Frau in weiblicher Art leben können. In dieser Phase seiner Entwicklung träumte ein Mann: „Ich bin in einem mir unbekannten Haus. Die eine Front des Hauses ist aus Glas. Draußen erscheint ein wilder Gesell mit Hellebarde, ähnlich einem Landsknecht aus dem 30jährigen Krieg. Er bohrt seine Lanze durch die Scheibe. Ich verstecke mich zunächst hinter einem Mauervorsprung im Haus. Der Landsknecht dringt dann in das Haus ein. Ich stürze mich auf ihn. Es kommt zu einem Kampf zwischen uns beiden."

Der Landsknecht als Symbol einer primitiven Männlichkeit will in das Haus hinein. Bisher verdrängte männliche Vitalität meldet sich. Verdrängtes und Ungelebtes erweist sich immer als unentwickelt und tritt darum bei seinem Erscheinen in primitiver Form auf. Aus der Angst vor dieser Primitivität und wegen der bisher nicht vollzogenen Differenzierung wird vom Bewußtsein diese andere Seite abgelehnt. In unserer Kulturstufe ist es nicht leicht, aus der Gegenwart Symbole starker und positiver Männlichkeit zu finden. Das Männliche kann heute selten in seiner urtümlichen Form gelebt werden. Meist wird es durch unsere formale Zivilisation eingeengt und verdeckt. Als Folge tritt an seine Stelle eine kompensatorische Prahlerei mit Potenz. Natürlich kann der Landesknecht nicht die letzte Stufe einer männlichen Entwicklung sein. Aber die Einordnung und Bewußtmachung dieser Kräfte liefert den Antrieb für eine weitere Differenzierung. Dem Träumer war klar, daß er nicht in dieser Form auftreten soll. Doch die Rückbesinnung auf diese Möglichkeiten der Stärke hält sein Unbewußtes für notwendig. Das

Eindringen des Männlichen ist nicht aufzuhalten. Es kommt zur entsprechenden Auseinandersetzung.

Die Betonung der Männlichkeit in der Entwicklung des Mannes darf nicht so verstanden werden, daß damit die gegengeschlechtliche Funktion nicht auch für die Entwicklung der Gesamtpersönlichkeit notwendig ist und bleibt. Die Akzentuierung von geschlechtsentsprechender und gegengeschlechtlicher Komponente kann im Lauf einer Ausreifung wie in einem Zick-Zack-Kurs verlaufen. Beide Teile befruchten sich gegenseitig. Es scheint oft so, daß der nächste Schub auf der männlichen Linie erst nach einem vorausgegangenen weiblichen möglich wird. Beide Geschlechter bewegen sich auf ihrem Weg zur persönlichen Reife zwischen der polaren Spannung von männlich und weiblich.

Wenn wir zunächst bei der Entwicklung des Mannes bleiben, so zeigen die nächsten beiden Träume den Zuwachs männlicher Kräfte im Symbol des Pferdes über die mitwirkende weibliche Seite. „Meine Frau und ich kommen in unseren Pferdestall. Meine Frau trägt einen Pelzmantel. Da drängen sich die Pferde ganz begeistert an meine Frau, schmusen mit ihr und suchen in den Manteltaschen nach Futter. Ich werde als Mann bei diesem Verhalten der Tiere eifersüchtig." Die weibliche Seite dieses Mannes ist in dem Traum als seine Frau dargestellt. Ihre Weiblichkeit ist unterstrichen durch die Weichheit des Pelzmantels. Das Fell symbolisiert auch die Natürlichkeit. Die in dem großen, starken Tier verkörperte Libido wendet sich zunächst dem Weiblichen zu und nimmt mit ihm Verbindung auf. Dort findet es Zuwendung und in den Taschen vielleicht auch Futter.

Im zweiten Traum ist das Weibliche im Symbol der Katze dargestellt: „Ich gehe mit meiner großen Katze auf dem Arm spazieren. Die Katze tippt mir mit der Pfote auf die Nasenspitze, wenn ich ihr mit dem Finger über den Kopf streiche. Auf meinem Weg komme ich zu einer Reitanlage. Dort ist auch ein See. Ich gehe um den See herum und habe plötzlich statt der Katze einen Hengst am Halfterstrick. Ich führe ihn an einer langen Longe in ein Tal. Dabei verheddere ich mich andauernd mit den Beinen in der langen Leine meines Pferdes. Ich habe Mühe, einen steilen

Hang hinauf zu kommen. Oben stelle ich fest, daß ich drei Pferde führe. Ich überlege, welches Ziel ich nun ansteuern soll. Es ist eine Vorstellung in mir, wie wenn ich nach Hause wollte. Das Ziel ist jedoch sehr fern und wird nur unter Mühen zu erreichen sein. Mir ist jedoch nicht bang."

Über den Kontakt zur weiblichen Katze kommt der Mann im Verlauf des Traumes zum männlichen Pferd, dem Hengst. In Übereinstimmung mit seiner weiblichen Seite als Voraussetzung geht dieser Mann seinen Weg. Dabei entwickelt sich seine männliche Seite im Symbol des Hengstes. Er hat zunächst seine Schwierigkeiten mit der Führung dieser Kräfte und kommt damit nicht zurecht. Es geht darum, sich der wachsenden Vitalität einerseits und der Führungsproblematik andererseits bewußt zu werden. Im Traum erwächst in ihm das Gefühl, daß er sein Ziel erreichen kann. Aus einem Pferd werden drei. Der Träumer ist guten Muts. Mit drei Pferden kommt man an das Ziel, mag der Weg auch weit sein.

Die Erstarkung der eigenen Kräfte kann das Pferd als großes und kräftiges Tier auch bei der Frau darstellen. Dazu ist im folgenden Beispiel die Ablösung aus der seitherigen autoritären Gebundenheit notwendig. Eine Analysandin hatte in ihrer Kindheit eine sehr strenge Erziehung im Elternhaus erfahren. Die Kinder mussten zum Beispiel bei Tisch still sein und durften nur auf Fragen der Erwachsenen antworten. Die Auflockerung autoritärer Einengung stellte ihr Unbewußtes in folgendem Traumbild dar: In Stuttgart als Landeshauptstadt war offizieller Staatsbesuch der englischen Königin. Dieser fand mit großem Pomp und nach strengem Zeremoniell auf dem Schloßplatz statt. Da begann das Pferd vor der königlichen Kutsche entgegen dem Protokoll zu tänzeln und machte voll Übermut seine Späße.

Wie wichtig die Verbindung mit seiner weiblichen Seite für den Mann zur Förderung seiner männlichen Entwicklung ist, zeigt auch dieser Hinweis des Unbewußten: „Mein 15jähriger Sohn erzählt mir, er wolle drei junge Rehkitze aufziehen und dann Förster werden. Ich sage zu ihm: Du meinst wohl, Du willst erst die Jägerprüfung machen und dann Förster werden. Er entgegnet: Zuerst will ich drei Rehkitze aufziehen. Kannst

Du mir diese nicht besorgen? Ich habe den Eindruck, daß mein Sohn in dieser Phase des Traumes nicht ganz normal ist."

Der Sohn steht in der Pubertät und drückt auch eine neue Entwicklungsphase beim Träumer aus, die sich im Bild des Heranwachsenden kundtut. Der Mann wird durch sein Unbewußtes aufgefordert, vor der Übernahme männlicher Aufgaben als Jäger zuerst weibliche Kräfte in ihrer Entwicklung zu begünstigen und in sich zum Leben zu bringen. Diese benötigt er, um seiner männlichen Seite zur Differenzierung und Ausreifung zu verhelfen. Rohe Männlichkeit in Form von aggressivem und eroberndem Verhalten kann schnell in Zerstörung und Destruktion übergehen. Auch im Mann sind Kräfte aufzubauen, die ihn befähigen zu gestalten und zu erhalten und ihn auch väterlich werden lassen. Das Bild des Jägers kann dieser Träumer ohne weiteres als Vorschlag für seine Entwicklung annehmen. Daß dazu aber auch weibliche Fähigkeiten notwendig sind, erscheint ihm absurd, so daß er diese Aufforderung aus seinem Innern als nicht normal abtun will.

Das männliche Symbol des Jägers, oft auch variiert als Soldat, beide als Träger von Waffen sowohl von Mythologie wie vom Märchen her bekannt, ist leicht zugänglich und wird vom Mann in der Deutung gern angenommen. Daß dazu aber die Zuwendung zu diesem weichen, hilflosen Weiblichen im Bild der Rehkitze notwendig sein soll, geht einem Mann sehr viel schwerer ein. Das klarzumachen ist dieselbe Aufgabe, vor der auch schon Lao-tse stand, als er darstellte, daß das Weiche das Harte besiegen kann. Brecht hat uns diese Tatsache in seiner „Legende über die Entstehung des Buches Tao-te-king" nochmals in Erinnerung gebracht, indem er die Worte Lao-tses durch den Ochsenführer wiederholen läßt: „Daß das weiche Wasser in Bewegung mit der Zeit den mächtigen Stein besiegt. Du verstehst, das Harte unterliegt."

Die weibliche Seite des Mannes, in der Terminologie von C. G. Jung Anima genannt, kann natürlich auch direkt als Mädchen oder Frau symbolisiert werden. Die Entwicklung dieser Funktion innerhalb eines analytischen Prozesses zeigt eine Serie von Träumen eines Mannes, welche im Abstand von wenigen Tagen nacheinander folgten. „Ich sehe auf einem Bett ein Mädchen liegen. Es ist abgemagert und sieht elend aus. Das Mädchen tut mir leid. Ich will ihr über den Kopf streicheln." Die emotionale Funktion wird hier zunächst im Ausgangsstadium ziemlich unterernährt dargestellt. Diese Mitteilung spricht den Träumer an. Er lernt vom Gefühl her zu reagieren. Das Mädchen tut ihm leid. Er wendet sich ihm zu. Es ist für den Anfang ein Streicheln über den Kopf.

Im nächsten Traum dieser Folge will dieser Mann umziehen. Es kommt also eine Veränderung in Gang. Mit ihm zusammen ist ein ihm unbekanntes Mädchen. Er nimmt es in die Arme und küßt es intensiv. Diesen Vorgang beobachten seine drei Kinder, welche interessiert um die Zimmerecke schauen. Dadurch wird der Träumer irritiert. Er hofft, daß die Kinder dies nicht seiner Frau erzählen, da er sonst Spannungen mit ihr befürchtet. Der Kontakt mit der weiblichen Seite ist hier schon deutlich vom Gefühl her bestimmt. Die Zuwendung erfolgt jedoch mit schlechtem Gewissen. Er ist unsicher, ob man so etwas darf. Die Aufsichtsinstanz, die er in Gestalt seiner Frau träumt, könnte dagegen sein. Nach der Anamnese geht diese Vorstellung auf eine Haltung seiner Mutter zurück, welche er nun auf seine reale Frau überträgt. Seine Mutter hinderte ihn an der Entwicklung seiner Gefühlsseite wie auch an der realen Beziehung zu Mädchen. Sie wollte ihn für sich haben. Das führte zur Tabuisierung des Weiblichen nach außen und zur gleichzeitigen Negierung der Gefühlsfunktion in ihm selbst.

Dieser Entwicklung seiner Gefühlsfunktion wendet sich der Analysand weiter zu: „Ich bringe einem kleinen Mädchen Ballettschritte bei. Das Mädchen ist geschickt und macht gute Fortschritte." Hier lernt das Mädchen sich bewegen, aufzutreten, sich darzustellen, innere Abläufe in Mimik und Gestik umzusetzen. Tanzen ist natürliche Bewegung. Dies soll der Träumer seiner Anima vermitteln.

Es gibt in den vom Unbewußten aufsteigenden Bildern drei Stufen des Zusammenspiels der Geschlechter mit sich steigernder Intensität und Intimität: gemeinsam essen, zusammen tanzen, miteinander schlafen. Diese letzte Möglichkeit und damit den Ausdruck der Einbeziehung der nachentwickelten weiblichen Seite träumt dieser Mann etwa eine Woche später: „Ich bin in einer Jugendherberge im Gebirge und übernachte im Schlafsaal. Am andern Morgen liegt ein Mädchen im Nachbarbett. Ich will mit ihr zusammensein." So knapp der Text des Traumes formuliert ist, so klar sind seine Bilder. Entscheidende Erlebnisse hat man oft auf dem Berg oder im Gebirge. Und wieder vollzieht sich die Integration über Nacht im Schlaf. Die körperliche Vereinigung am nächsten Morgen ist ja nur noch ein bildlicher Ausdruck dafür.

Die Annahme der Rolle des eigenen Geschlechts fällt der Frau schwerer als dem Mann. Auch heute noch wirkt sich die Begünstigung des Mannes in unserer Kultur nachteilig für die Frau aus und zeigt auch im psychischen Bereich ihre Folgen. Dies fängt schon in Äußerlichkeiten an. Aber auch diese werden vom Unbewußten registriert und gespiegelt. Eine Analysandin träumt, sie befindet sich in einem größeren Hallenbad und sucht die Sauna für Frauen. Mühsam muß sie sich durchfragen. Während sie laufend auf Hinweisschilder zur Sauna für Männer stößt, kann sie solche Wegzeiger zur Sauna für Frauen nicht entdecken. Im Traum äußert sie sich einer anderen Frau gegenüber, daß es viel leichter sei, die Sauna für Männer zu finden als die für Frauen und das Männliche sich überall in den Vordergrund schiebe. Das müsse man in unserer Gesellschaft immer wieder feststellen.

Bei der Bearbeitung von Lebensgeschichten wird häufig deutlich, daß das Mädchen hätte ein Junge sein sollen. Dies kann auf wirtschaftliche Gründe in der Nachfolge auf dem Bauernhof oder der Übernahme des Betriebs begründet sein. Es spielt aber auch unbewußt noch die uralte Vorstellung mit, daß an einem Jungen mehr „dran" ist, ja daß schon bei der Zeugung mehr Potenz für einen Jungen nötig ist als für ein Mädchen. Erinnern Sie sich daran, daß bei Schiller in den „Räubern" die Rede ist von „Kerls, die in Ohnmacht fallen, wenn sie einen Buben gezeugt haben". Bei Mädchen scheint dies nicht so zu sein. Davon ist im Text nichts erwähnt. In solchen Äußerungen offenbart sich die Verliebtheit des Mannes in sein eigenes Geschlecht. Es zeigt sich darin auch der Mangel an Wahrnehmungsfähigkeit für das Weibliche und die andere Seinsform.

Wenn uns Schiller zu weit zurückzuliegen scheint, halten wir uns doch an ein Beispiel aus einer laufenden Analyse: „In meiner

Nachbarschaft ist eine Katze, die sprechen kann. Ich streichle sie. Sie sagt, daß die Menschen sie nicht mögen, weil sie eine Katze sei. Ich mag sie.“ Die Katze als Symbol des Weiblichen ist uns aus einer ganzen Reihe von vorhergegangenen Träumen geläufig. Aus dem Unbewußten dieser Frau spricht die Erfahrung, daß die Allgemeinheit das Weibliche ablehnt, nur weil es weiblich ist. Dennoch lernt diese Frau im Traum, sich selbst anzunehmen. Sie tut es mit dem Bekenntnis zur Katze: „Ich mag sie.“

In einem weiteren Traum bezieht dieselbe Frau das Mütterliche in das Katzensymbol ein: „Im Hof meines Elternhauses sehe ich beim Nußbaum Katzenmütter gehen, die ganz groß und dick sind. Man kann sehen, daß sie Junge haben, weil das Fell am Bauch feucht ist und die Zitzen sichtbar sind. Ich hoffe, die jungen Kätzchen irgendwo in der Nähe zu entdecken. Durch einen schmalen Durchschlupf gelange ich in einen Kellerraum, wo auf Holzwolle ganz kleine Kätzchen liegen. Ich streichle sie. Ihr Fell ist ganz seidig. Im Hintergrund des Kellers sehe ich weitere junge Tiere liegen.“ Der Text bedarf eigentlich kaum einer Interpretation. Groß und dick und mit viel Milch stellt sich das mütterliche Weibliche dar. Unter diesem Aspekt kann man annehmen, daß auch die jetzt noch jungen Kräfte in Gestalt der eben erst geworfenen Kätzchen gedeihen werden und für die Analysandin eine gute libidinöse Basis abgeben können.

In diesem Traum ist aber auch das Mütterlich-Weibliche angesprochen. Zur Reifung einer Frau führt nicht nur die Entwicklung ihrer Geschlechtlichkeit mit dem Ziel, Partnerin des Mannes zu sein. Zur Verwirklichung des Frau-seins gehört auch die Fähigkeit, das Neue in sich keimen zu lassen, auszutragen bis zur Reife, zur Welt zu bringen, zu bergen, zu nähren und sättigen, zu beschützen und fördern. In diesen Möglichkeiten realisiert sich eine Form weiblicher Kreativität in der Welt. Die Frau wurde über Generationen hin auf biologische Mütterlichkeit und ihre leibliche Mutterfunktion festgelegt. Deshalb fällt es vielen Frauen der Gegenwart schwer, sich der Mütterlichkeit zu stellen. Sie müssen sich zunächst von diesem alten Schema freimachen. Mütterlichkeit will und kann auch im seelischen und geistigen Bereich gelebt werden. Frauen sind sich im allgemeinen auch heute noch nicht bewußt, wieviel Kreativität und

Einwirkung auf das Leben durch Mütterlichkeit auf allen Ebenen möglich ist. Die männliche Form des Schöpferischen, die sich mehr in Einzelakten kundtut, wird in unserer Kultur herausgestellt und bewundert. Was aber an gestalterischen Leistungen erbracht wird von denen, die ungesehen sich ins Leben tragend, beschützend und helfend einbringen, tritt zu wenig in unser Bewußtsein.

Wenn die eigene weibliche Entwicklung bejaht werden kann, ist der Weg zur Beziehung zum andern Geschlecht sowohl auf der Objektstufe der Wirklichkeit wie auch auf der Subjektstufe im eigenen Innern gebahnt. Oft beginnt eine solche Beziehung im kindlichen Spiel, was ja auch dem Entwicklungsstand dieser Kräfte entspricht. Folgen wir der Traumserie unserer Analysandin: „Wir spielen in einer Gruppe von 10jährigen Kindern fangen. Ich habe mich hinter einer Hausecke versteckt. Als ein Junge vorbeikommt, springe ich schnell aus meinem Versteck hervor, nehme eine lange Stange und richte sie zum Spaß auf ihn. Dann laufe ich weg. Er verfolgt mich und kann mich leicht einholen und fangen." Diese Kontaktnahme wird im nächsten Traum vom kindlichen Stadium auf die Ebene der Erwachsenen gehoben: „Wir sind in einem Raum, in dem getanzt wird. Die meisten männlichen Kollegen stehen herum. Ich beginne mit wenigen Schritten, im Takt des Walzers allein zu tanzen. Den Männern rufe ich zu, daß sie keine Angst zu haben bräuchten, wir würden sie verführen. Daraufhin fangen sie an, mit uns zu tanzen." Diese Frau scheint nun ihrer Sache so sicher zu sein, daß sie die Unsicherheit der männlichen Seite zu überbrücken versucht.

Mit der Qualität des Männlichen muß sie sich in einem der nächsten Träume nochmals befassen: „In einem Café sitzt ein Mann an einem Tisch. Ich gehe auf ihn zu und begrüße ihn mit Handschlag. Ich spüre, daß er sehr große Hände hat, die ich kaum umfassen kann. Mehrere Leute in diesem Lokal warnen mich vor ihm und sagen, er sei brutal und gewalttätig. Als ich das zweite Mal zu dem Mann komme, freut er sich und will mich nicht mehr gehen lassen. Die Leute schimpfen wieder über ihn und wollen mich aufhetzen. Ich entgegne ihnen, daß es nicht sein muß, daß ein Mann gewalttätig ist. Wahrscheinlich läge es an ihnen, wenn er sich ihnen gegenüber gewalttätig verhält. Ich mag den Mann."

Die Bedeutung der Anima für die Entwicklung des Mannes, wie wir sie auf den letzten Seiten kennengelernt haben, trifft bei der Entwicklung der Frau für den gegengeschlechtlichen Seelenteil, bei ihr Animus genannt, ebenfalls zu. In unseren letzten Träumen war er im Symbol des Mannes direkt enthalten. Deshalb war auch das Ineinanderspiel von realer Außenwelt und innerseelischer Entwicklung der männlichen Funktion so leicht möglich, daß man wie bei einem Umschlagphänomen je nach Betrachtungsweise das eine oder das andere darin sehen konnte. Diese Frau, deren Träume wir zuletzt in unserer Serie verfolgt haben, hat sich im innersten Kern trotz aller Beeinträchtigungen durch ihre Umwelt eine positive Stellung zu ihrer eigenen Weiblichkeit wie auch zum Männlichen bewahrt, so daß die auffordernden Tendenzen ihres Unbewußten, diese weiblichen und männlichen Kräfte weiter zu entwickeln, bei ihr auf fruchtbaren Boden fallen. Auch in diesem letzten Traum verteidigt sie den Mann gegen die Einwände von seiten ihrer Umgebung. Er muß nicht brutal und gewalttätig sein. Sie geht auf ihn zu und sieht in seinen großen Händen die aktive und zupackende Art des Männlichen. Diese im Bild des Mannes symbolisierte männliche Seite in ihr selbst wird ihre weiblich-mütterliche Art, die sie in den Bildern ihrer Katzenträume im Entwurf kennengelernt hat, sehr gut ergänzen.

Die Entwicklung ihrer Weiblichkeit durch das Angenommensein vom Symbol der Urmutter erlebt eine andere Analysandin in sehr tiefen Schichten durch diesen Traum: „Ich stehe verzagt in einem Dornengestrüpp. Dorthin habe ich mich vor meinen Verfolgern geflüchtet. Da kommt die Zigeunermutter auf mich zu. Ich bin hin- und hergerissen zwischen der Sehnsucht, mich ihr hinzugeben und anzuvertrauen, und dem Trotz, mich nicht unter ihren Willen beugen zu wollen. Schließlich überwiegt die Sehnsucht. Ich stürze zu ihr hin und sinke ihr zu Füßen. Sie nimmt mich auf und entkleidet mich. Dann streicht sie über meinen Körper und sagt: Ja, Du bist eine Frau. Sie nimmt mich unter ihren Umhang, damit ich nicht friere. Die Mutter ist viel größer als ich. Mein Kopf liegt zwischen ihren Brüsten. Es ist ein schönes Gefühl, so rund und weich und warm. Dann entblöße ich ihre Brust und beginne, daran zu trinken. Ich trinke in einer unersättlichen Weise ihre Milch. Später liegen wir zusammen auf dem Boden. Sie erklärt mir, wozu die Geschlechtsteile da sind."

Der Versuch, ihre eigene weibliche Form zu finden, führt diese Frau zunächst auf der Flucht vor dem Männlichen in den Dornenhag. In dieser Isolierung findet die Begegnung mit der Magna Mater statt. Diese kommt als Zigeunermutter auf sie zu. Das heißt, daß hier alles, was nach Differenzierung strebt, zurückgestellt ist und der Konzentration auf das ursprüngliche Ur-Weibliche der Vorrang eingeräumt wird. In einer geradezu kultischen Einweihung wird die Träumerin von diesem Muttersymbol als Frau bezeichnet und angenommen. Nun hat sie selbst teil am Weiblichen. Der Hinweis am Schluß des Traumes auf die körperlichen Organe zeigt, daß sie jetzt die Rolle der Frau und Mutter übernehmen kann.

Die wechselseitige Ergänzung und Unterstützung der weiblichen und männlichen Funktion wird von einer Frau so geträumt: Sie muß in ein Haus hinein und darin eine Reihe verschiedener Aufgaben erfüllen, wobei sich die nächste immer aus der vorhergehenden ergibt. Die erste kann sie allein vollbringen, bei der zweiten hilft ihr ein Mann, die dritte bewältigt sie wieder allein, bei der vierten ist der Mann wieder dabei und notwendig. So geht es in der Folge weiter. Am Ende der Aufgaben steht sie mit dem Mann am Ausgang des Hauses und wird von einem Weisen entlassen. Sie selbst bekommt ein Kästchen aus Ebenholz, der Mann einen wertvollen Gegenstand aus Elfenbein geschenkt. Damit treten sie gemeinsam durch das Tor.

Wie schon oben angedeutet und in diesem Traum so anschaulich dargestellt vollzieht sich die Entwicklung der beiden Seiten in Gegenseitigkeit Stufe um Stufe. Den Entwicklungsprozeß als solchen in Form einer Reihe von Aufgaben ins Bild zu setzen, kennen wir aus dem Bereich der Mythologie (Herakles) wie aus dem Märchen (Gold- und Pechmarie). Nach denselben archetypischen Bildern und Gesetzen vollzieht dies auch der Traum. Wichtig ist bei unserem Beispiel, daß in der Reihenfolge der Aufgaben festgelegt ist, daß weiblich und männlich im Wechselspiel sich ergänzen müssen. Dann steht am Ende der Entwicklung der Schritt in die Freiheit beschenkt mit dem Lohn der Mühe dargestellt in dem Schatzkästchen aus Ebenholz und dem Elfenbeinschmuck. Auch in diesen Symbolen treffen sich wieder ergänzend das dunkle Weibliche und das helle Männliche.

Die Hilfe des Animus ist auch im nächsten Beispiel erforderlich. Diese Frau erlebt sie in ihrem Traum: „Ich möchte mit einem jungen Mann mitgehen. Er sagt, er könne mich nicht mitnehmen, weil der Weg schwierig sei. Ich erwidere ihm, er könne mir ja helfen. Darauf nimmt er mich mit. Ich klettere steil hinauf. Er muß mir nur auf der obersten Stufe vollends hinaufhelfen."

Die Darstellung des männlichen Teils in der Psyche der Frau kann sich symbolisch in Vorstufen zum Animus entwickeln. Man spricht dann von einem Prä-Animus. Für eine Träumerin tauchte zum Beispiel eine solche Figur als Wassermann aus der vor ihrem Haus stehenden Regentonne auf. Da die Integration dieser Kräfte in diesem Stadium ganz im Anfang steht, sind es oft fremde, ichferne Gestalten, die aus anderen Kulturen eingeführt werden. Aus dem Fernen Osten kommt der Asiate, fremd von Hautfarbe bis Gesichtsschnitt, in bunte Seidengewänder gekleidet, schillernd und verlockend. Es kann aber auch die Angst vor dem Mann ihren Ausdruck im Bild finden: Er kommt als Kaminfeger verkleidet, also als Verkörperung des Schwarzen Mannes.

Die Notwendigkeit der Entwicklung der männlichen Kräfte ergibt sich für die Frau auch aus einem weiteren Gesichtspunkt. Dieser wird im folgenden Traumbild herausgestellt: Eine Frau sieht an einem zentralen Platz ihrer Heimatstadt, wie ein Straßenbahnwagen in Schienen von starken, feurigen Pferden gezogen wird. Da taucht ein Mann auf, der eine Mischung von Wissenschaftler und Künstler verkörpert. Im Traum wird ihr bewußt, daß dieser Mann zur Führung der Pferde notwendig ist.

Die vitalen Kräfte dieser Frau sind im Traum zunächst vor ein Fahrzeug gespannt, das seine Steuerung aus dem Kollektiv erhält. Es ist durch die Schienen an vorgegebene Geleise gebunden. Die vor den Wagen gespannten Pferde sind dagegen nach ihrer Stärke und ihrem Temperament durchaus in der Lage, eine individuelle Richtung einzuschlagen und in eigener Bestimmung den Weg zu wählen. An diesem Punkt ist der Einsatz der koordinierenden männlichen Funktion notwendig. Sie hat die Aufgabe, aus Übersicht, Distanz und Kreativität diese Pferde so zu führen, daß ihnen ihre Vitalität und Freiheit durch Einfügung in eine Ordnung erhalten werden, ohne daß sie deshalb im kollektiven Schema der Schienen bleiben müßten.

Wenn eine Frau diese ordnenden und strukturierenden männlichen Kräfte nicht in sich entwickelt, besteht die Gefahr, daß sie ihre Machtansprüche nach außen agiert und in ihre Beziehungen zu ihrem Partner und zu ihren Kindern einbringt. Mit Ehrenämtern im sozialen Bereich oder einer Beschäftigung zwischen Zeitvertreib und Liebhaberei sind diese Kräfte nicht zu befriedigen.

Durch die Annahme und Integration des gegengeschlechtlichen Teils verwandeln sich die polaren Gegensätze männlich und weiblich in Ergänzungen und führen dadurch zur Ganzheit. Das ist das Grundprinzip und der Sinn, der hinter jeder Vereinigung steht: Aus Gegensätzen sollen Ergänzungen werden. Die Entwicklung von männlichen und weiblichen Einzelfiguren zu einer Einheit in Form des Paares erlebt eine Frau im folgenden Traum: „Vor mir erscheinen Figuren, die der Reihe nach an mir vorbeiziehen. Zuerst kommt ein Mann, dann eine Frau, darauf eine Frau mit einer Schlange. Die Schlange erhebt sich in einer Zickzackwindung vor der Frau. Beide schauen mich an. Ich empfinde, daß Frau mit Schlange mehr ist als Frau ohne Schlange. Dann zieht der Reigen weiter. Es erscheint ein Paar, dann nochmals ein Paar. Vor diesem erhebt sich abermals die Schlange mit derselben Bewegung, stolz, klar und sehr kraftvoll." Daß sich diese Entwicklung vom Einzelwesen zum Paar unter dem Zeichen der Schlange, dem Symbol der Erdkräfte, der Verwandlung und der Weisheit aus der Tiefe, vollzieht, bedeutet für diese Frau, daß sie sich diesen Kräften anvertrauen und mit ihnen leben soll.

Erfahrung und Reifung

„Ich sitze mit einer Frau, die manchmal jung und manchmal alt erscheint, in einem Zimmer an einem Tisch. Ich bin dort als Besucherin und gleichzeitig in der Rolle des Beobachters. Die Frau spricht über Farben. Allmählich kommt in mir eine Sehnsucht auf, intensiver leben zu können. Diese Sehnsucht wird stärker als meine Ängste vor dem Leben. Ich lege den Kopf auf die Arme und beginne, vor mich hin zu weinen. Die alte Frau bemerkt es und schiebt mir zwei Farbkästen zu, beide gefüllt mit roten, gelben und blauen Farbnäpfchen. Sie sagt: Diese Farben genügen für alles. Probier es aus!"

Nach einer längeren Beschäftigung mit der Ablösung und Verselbständigung sowie der Aufarbeitung vorhandener Fehlhaltungen entsteht in dieser 30jährigen Frau der Wunsch, nun etwas für ihre eigentliche Weiterentwicklung zu tun. Diese Möglichkeit wird ihr vom Unbewußten über das „ewig Weibliche", das in ihrem Traum in Gestalt der nach Alter nicht einzuordnenden Frau erscheint, im Symbol der Farben angeboten. Intensiver leben heißt, Farbe in sein Leben bringen. Bisher hatte die Analysandin Angst, sich weiter in das Leben hineinzuwagen. Sie hielt sich zurück und sicherte sich ab. Jetzt löst sich die Spannung, indem sie darüber weinen kann. Wie im Märchen erhält sie nun von der Fee die drei Grundfarben, mit denen sie ihre weitere Entwicklung in jeder Hinsicht farbig gestalten kann, mit der Aufforderung, dies zu versuchen.

Zum Symbolverständnis der einzelnen Hauptfarben ist es zweckmäßig, sie den Grundfunktionen nach C. G. Jung zuzuordnen. Damit werden die Farben in einer dynamischen Betrachtungsweise gesehen und so dem Wesen des Symbols mit seiner Wirkung näher gebracht. Rot ist dann zum Beispiel nicht mehr nur eine Lichterscheinung von bestimmter Wellenlänge, sondern drückt funktional bestimmte Aussagen aus und will diese auch verwirklicht sehen, indem es den Menschen in seinem emotionalen Bereich anspricht.

Nach allgemein gültigem menschlichen Verstehen wird Blau als Farbe des Himmels dem geistigen Bereich und damit der Denkfunktion zugeordnet. Dem Oben verbunden bleibt es von der Erde aus unerreichbar, kühl, distanziert. Es verlangt Zurückhaltung und Abstand. Rot ist die Farbe des Blutes, damit des Gefühls, des Affekts. Es lebt in der Intensität und setzt Signale. Gelb entspricht der Intuition, der ganzheitlichen Aufnahme. Ohne sinnliche Wahrnehmung teilt diese Funktion mit, was vor sich geht. Sie steht damit im Gegensatz zur Empfindungsfunktion, welche uns Wahrnehmungen aus der Außenwelt über unsere Sinnesorgane vermittelt. Diese Funktion vertritt die grüne Farbe. Sie entspricht dem Grün der Vegetation und damit dem Wachsen. Ihre Kraft zieht sie aus der Erde, welcher sie nahe verbunden bleibt. Die Ganzheit, welche aus dem psychischen Zusammenspiel aller Funktionen entsteht, zeigt sich wie die optische Gesamtheit aller Farben im Weiß.

In den Träumen finden sich die Farben meist als Aufforderung zur Entwicklung der dieser Farbe entsprechenden Funktion. Beim heutigen Menschen wird am häufigsten die Entwicklung der Intuition vernachlässigt. Er will sich nicht auf die Aussagen einer Funktion verlassen, die ihm aus seiner naturwissenschaftlichen Betrachtungsweise nicht faßbar erscheint. Deshalb schlägt das Unbewußte im Traum vor, innerhalb des Reifungsprozesses den Mangel auszugleichen und diese Fähigkeiten nachzuentwickeln. „Ich laufe mit einer Tube gelber Farbe herum und kann sie nicht aufschrauben", träumt eine Frau. Sie kann ihre intuitive Funktion, die als Möglichkeit vorhanden ist, nicht einsetzen, weil sie keinen Zugang dazu hat. Vielmehr versucht sie die Lösungen ihrer Aufgaben rational zu finden. Dazu ist der Intellekt jedoch nicht in der Lage. Die Analysandin folgert daraus, daß dieser nicht ausreiche: „Ich bin halt dumm." In Wirklichkeit ist der Einsatz ihrer Fähigkeiten in der Verteilung nicht richtig. Sie erlebt es als Versagen, daß sie diese Aufgaben nicht durch Denken lösen kann. Der Traum sagt ihr: Verwende

Deine gelbe Funktion, die Du ja in der Hand hältst, und lasse Dir etwas einfallen, indem Du auf Deine Intuition hörst.

Einen ähnlichen Hinweis erhält eine andere Träumerin: „Ich muß einen kleinen Jungen aus dem Kindergarten abholen. Er ist ganz gelb gekleidet." Auch bei ihr kommt der Hinweis auf diese noch in kindlicher Form vorhandene Funktion aus der Fehlhaltung heraus, ihr Leben mit Hilfe einer bewußt rational gehaltenen Fassade zu bewältigen. Nach dem Traum soll sie ihre inneren männlichen Kräfte aus der Aufbewahrung im Kindergarten herausholen, ihrem Lebensalter entsprechend nachentwickeln und dann sich ihnen anvertrauen.

Auch ein Mann ist dabei, sich um seine Intuition zu kümmern: „Ich gehe in unseren Pferdestall und will den Pferden Gelbe Rüben füttern. Von der Stalltüre aus sehe ich, daß ein fremdes Pferd zusätzlich im Stall steht. Die Besitzer dieses Pferdes sind zu Besuch da. Die Frau füttert ihr Pferd mit einem Strauß aus Hühnerfedern. Ich wundere mich und stelle befriedigt fest, daß unser Stall jetzt sehr festgefügt steht." Im Traum geht es darum, der Triebseite in Gestalt der Pferde im Stall Unterstützung durch intuitive Zuwendung zukommen zu lassen. Der Steuerung durch den Instinkt wird hier der Vorzug gegeben, da Triebkräfte darauf leichter und besser ansprechen als auf den Umweg über den Verstand. Die Förderung der Intuition wird im Traum zweimal angesprochen. Zunächst ist es die gelbe Farbe der gefütterten Rüben. Dazu kommt aber noch die Fütterung durch die Besitzerin in Form der Hühnerfedern. Das Huhn ist neben dem Gelb das Symbol der Intuition. In den Sprachgebrauch ist der Ausdruck eingegangen, daß ein blindes Huhn das Korn findet. Die Wahrnehmung über das Auge ist bewußt ausgeschlossen. Diese Hochschätzung des Huhns geht uns in unserer Kultur schwer ein, da hier dieses Tier als unintelligent und ungesteuert in seinen Bewegungen abgetan wird. Vom Unbewußten dagegen wird es immer wieder als Symbol angeboten, wenn es darum geht, eine Aufgabe zu lösen, die nicht von der Intelligenz her zu bewältigen ist. Die Formulierung im Traum einer Frau lautete, sie solle in ihren Hühnerstall gehen und dort die Lösung ihres Problems suchen. Den Pferden in unserem Ausgangstraum scheint die Fütterung mit der zweifachen Form der intuitiven Fähigkeit recht gut zu bekommen. Beim Verlassen des Stalls wundert sich der Analysand, wie festgefügt das Gebäude nun steht. Das Zusammenspiel von Intuition als Einfall und männlichen Kräften führt in der Verwirklichung zu guten Ergebnissen. So ist auch die Farbkombination von Gelb und Braun im Symbol interessant, weil sie die Verbindung von spontanen ganzheitlichen Erkenntnissen mit Hilfe der Intuition zu der Möglichkeit der Realisation in der materiellen Welt darstellt.

Grün als Farbe der Vegetation und damit des Wachsens dominiert in dem Bild, das eine 32jährige Frau malte. Ein grüner Mond, liegend wie eine flache Schale, füllt die ganze Breite des im Querformat angelegten Bildes. Unter dem Mond sind zahlreiche Pflanzen ebenfalls in Grün dargestellt. In ihnen bewegt sich eine Schlange. Sporadisch sind kleine Farbkleckse von Blumen eingestreut. In der Symbolik des Grüns verbindet sich das Wachsen der Vegetation mit dem Grün im Symbol des Weiblichen des Mondes, der wie oben erwähnt ebenfalls grün ausgemalt ist. In der Mondsichel ist eine Frau hingelagert. Sie ist durch einen Fischschwanz gekennzeichnet und wird von der Analysandin als Meerjungfrau bezeichnet. Damit wird angesprochen, daß die gemalte Frau noch im archetypischen Aspekt des Weiblichen verhaftet ist. Sie ist noch nicht vollständig dem Wasser des Unbewußten entstiegen. Aus diesem Verhaftetsein muß sich die Analysandin lösen, wenn sie in ihrer persönlichen Differenzierung weiterkommen will. In der Realität hat sie sich durch die Fixierung an ihre Mutter noch nicht für ihre eigene Entwicklung freimachen können. Dazu fordert sie das Bild, das sie unbewußt malte und das einem Traumbild gleichzusetzen ist, auf. Durch Vertrauen auf ihre weiblichen Möglichkeiten, die ihr im Mond als tragende Grundlage aufgezeigt werden, soll sie weiterwachsen und sich verändern. Die Schlange im Untergrund unterstreicht als Wandlungssymbol diese Aufforderung. Zur Ermunterung und als Prognose spannt sich ein Regenbogen mit vollem Spektrum über den Himmel, indem er die beiden Spitzen der beinahe waagrechten Mondsichel verbindet.

„Ich sehe, daß in meinem Garten rote Tulpen blühen." In Wirklichkeit besitzt diese 35jährige Frau keinen Garten. Daher ist sie überrascht und erfreut über diese Blumen. Zu Tulpen fällt ihr ein, daß dies vitale Blumen sind, die für sie zum Frühjahr gehören. Diese kommen aus der Zwiebel, welche tief in der Erde sitzt, und stehen auf kräftigen Stielen. Zu der Farbe Rot assoziiert die Träumerin: Rot ist die Farbe der Liebe. In ihrem seitherigen Leben hat diese Frau ihre Gefühlsfunktion wenig entwikkelt. Sie lebte seither als ein Mensch, der seine tägliche Arbeit brav und gut machte, doch im Grunde innerlich wenig erlebte. Soweit wie möglich hielt sie sich aus Ängstlichkeit aus dem Leben fern und brachte sich im Kontakt mit anderen Menschen selten ein. In diesem Stadium ihrer Analyse erfährt sie aus ihrem Innern, daß auch sie, die nie einen Garten besessen hat, ihren Lebensbereich erweitern kann. Mit dem Rot im Traum werden ihr Impulse zur Entwicklung ihres emotionalen Bereichs angeboten. Sie wird ermutigt, mehr natürliches Wachstum bei sich zuzulassen und auch in sich einen Neubeginn mit Frühlingsblumen in dem Symbol der roten Tulpen zu versuchen. Das Angebot aus dem Unbewußten ist da. Sie kann es nun aufgreifen für ihre Entwicklung.

Im nächsten Text, geträumt von einer 28jährigen Frau, tritt die Spannung zwischen den Farben Blau und Rot und damit der Gegensatz zwischen Denken und Fühlen deutlich zutage. Für diese Frau war Blau die Lieblingsfarbe. Dies brachte sie schon äußerlich in der Wahl der blauen Farbe für ihre Kleidung zum Ausdruck. Aber auch innerlich war sie davon geprägt. Sie lebte auf Distanz. Diesen Abstand von den Menschen wie von den Dingen brauchte sie als Schutz. So hatte sie es schon im Elternhaus gelernt. Nie stürzte sie sich in ein Erlebnis, sondern betrachtete den Vorgang nüchtern und rational. Bei der Bearbeitung der aktuellen Situation träumte sie nun: „Ich habe ein Kleid in warmem Enzianblau. Im Rock des Kleides sind kleine Tupfer von Rot eingestreut, wie ich sie nie tragen würde." Zur Ermutigung und Empfehlung, doch auch Teile von anderen Erlebensbereichen einzubeziehen, wird im Traum das kalte Blau, wie sie es seither ihrer distanzierenden Verhaltensweise entsprechend bevorzugt hatte, in einen warmen Ton derselben Farbe umgewandelt. Darüber hinaus wird in sehr vorsichtiger Dosierung die rote Farbe des Gefühls eingebracht. Vom Bewußtsein her muß sie auch jetzt noch diesen Bereich und damit natürlich auch die entsprechende Farbe ablehnen. Da sie sich in ihrer Verhaltensweise nicht spontan für eine Änderung entschließen kann, braucht sie noch Zeit, um von ihren nach Zweck und Nützlichkeit ausgerichteten Aspekten loszukommen.

Das im Traum am häufigsten vorkommende Zusammentreffen von zwei Farben ist das von Rot und Weiß. In dieser Kombination bedeutet Rot das Männliche, Weiß das Weibliche. Damit sind diese Farben in ihrer symbolischen Bedeutung zunächst polare Gegensätze. Diese Symbolik steht über viele Kulturen und lange Zeiträume fest. Wir finden sie im Mittelmeerraum vor 4000 Jahren im Palast von Knossos auf Kreta, wo in der Wandmalerei vom Stiersprung die Jünglinge rot, die Mädchen weiß dargestellt sind. Wenn wir uns näher mit dem Zusammenspiel in der Symbolik der beiden Farben beschäftigen, merken wir, daß wir sie nicht als Gegensätze stehen lassen dürfen, sondern als Ergänzungen verstehen müssen. Wir sprachen an anderer Stelle bereits davon, daß jeder Mensch seinen gegengeschlechtlichen Teil in sich trägt, auch wenn dieser oft verhältnismäßig unentwickelt bleibt. Der Mann bedarf als Ergänzung seiner weiblichen Seite, die er als Gefühlsfunktion erlebt. Die Frau ergänzt ihre Weiblichkeit durch Einbeziehen und Entwickeln von männlichen Kräften. Das Ziel ist im Idealfall die Vereinigung des roten Königs mit der weißen Königin, um es im Bild der mittelalterlichen Alchemie auszudrücken. Damit wird die Spannung der Polarität aufgehoben und über die Vereinigung die Ganzheit erreicht. Völlig unbewußt hat ein Künstler wie Marc Chagall Zugang zu dieser Symbolik. In seinen Bildern wendet er sie in der Darstellung seiner Paare an, ohne darüber zu reflektieren.

Auch in Analysen werden diese beiden Farben in der Bedeutung als Ergänzung geträumt: „Ich bin zur Analysestunde bei meinem Analytiker. Es ist alles wie gewohnt, doch sitzt noch ein Mann, wahrscheinlich ebenfalls ein in Ausbildung stehender Kollege, mit am Tisch. Der Analytiker bietet uns Rot- und Weißwein an. Jeder hat zwei Gläser vor sich. Der junge Kollege stört mich nicht. Es herrscht eine lockere Atmosphäre." Diese Lehranalysandin ist dabei, ihre männliche Seite sichtbar werden zu lassen. Sie bringt im Traum den männlichen Kollegen mit an den Tisch, der richtig ins Bild gesetzt ebenfalls noch in Ausbildung steht. Vom Analytiker wird in der vergeistigten Form des Weins die Möglichkeit der Ergänzung über die Farbsymbolik rot-weiß angeboten. Die Aufgabe, ihre Weiblichkeit jetzt durch die männlichen Kräfte zu ergänzen, ist also zweifach im Traum enthalten. Die lockere, natürliche Atmosphäre betont die Selbstverständlichkeit des Geschehens und unterstreicht damit die Bereitschaft in diesem Zeitpunkt der Entwicklung.

Der Weg auf der Suche nach Erweiterung und Ergänzung der Persönlichkeit führt im Traum oft in das Dunkel der Tiefe oder der Höhle. Dort liegen Schätze verborgen, die gehoben und an das Licht gebracht werden können und sollen. So träumt ein Mann, er muß in den Schacht eines früheren Bergwerks hinabsteigen. In den unterirdischen Stollen findet er Reste von Balken, mit denen diese früher abgestützt waren. Bei weiterem Suchen stößt er laufend auf Spuren früherer Tätigkeit im Bergwerk. Er will die Stollen freimachen und absichern, damit er zu dem in der Tiefe lagernden Eisenerz gelangen kann.

Deutlich im Traum ist der Hinweis auf das Wiederaufnehmen früherer Suche und Schürfung an dieser Stelle. Aus zunächst unbekannten Gründen war die Entwicklung an dieser Stelle stekkengeblieben und der Zugang verschüttet worden. Jetzt stehen die Kräfte zur Verfügung, den Zugang zur Tiefe wieder freizumachen, um an die dort lagernden Reserven kommen zu können. Diese werden in Form von Erz angeboten. Das bedeutet, sie müssen zuerst aus dem Gestein herausgeschmolzen werden. Danach kann man aus dem harten Metall Geräte und Waffen herstellen. Hier ist eine männliche Linie in der Entwicklung angesprochen. Auch im Märchen muß der Held zuerst sein Schwert schmieden, bevor er zu weiterer Bewährung in der Erfüllung der ihm gestellten Aufgaben auszieht. Das Eisen ist in seiner Bedeutung nach dem heute gültigen wirtschaftlichen Aspekt abgewertet. Doch hat es in der Kulturgeschichte der Menschheit einer ganzen Periode, der Eisenzeit, seinen Stempel aufgedrückt. Die männliche Härte im Symbol des Eisens will der Träumer aus der Tiefe des Schachts heben und in seine Entwicklung einbringen. Er ist dabei, den Stollen zugänglich zu machen.

Nach langem Aufenthalt in Höhlen und Gängen im Innern der Erde kommt ein anderer Träumer an das Tageslicht. Während seines Herumirrens hat er im Dunkel eine Schlange entdeckt, die er nun mitbringt. Die Schlange wird bald Junge bekommen. Am Ausgang der Höhle steht seine Frau, die dort lange auf ihn gewartet hat. Er erklärt seine Verspätung damit, daß die Suche und die Beschäftigung mit der Schlange ihn so lange aufgehalten habe.

Dieser Mann hat in der Tiefe die Schlange als Trägerin des Lebens und der seelischen Kraft entdeckt. Diese ist so potenziert, daß sie ihre Nachkommen schon in sich trägt. Sie wird sich fortpflanzen und vermehren. Während im vorhergehenden Traum im Eisenerz die Härte des Männlichen gefunden wurde, werden hier die Kräfte des Erdhaften und Weiblichen als Ergänzung der Persönlichkeit ins Bewußtsein gebracht. Die Beschäftigung mit der Schlange in den unbewußten Schichten hat die Entwicklung des Mannes verzögert. Er versucht, dies seiner Partnerin, die ihn am Ausgang der Höhle erwartet, verständlich zu machen.

Eine 33jährige Frau träumt: „Ich muß in eine Grotte hinuntersteigen und bin dabei sehr ängstlich. Unten führen verschiedene Gänge labyrinthartig weiter. Ich habe Angst, mich darin zu verirren. Es ist sehr mühsam voranzukommen. Ich fühle mich angestrengt an Leib und Seele. Plötzlich öffnet sich der enge Gang. Ich komme aus dem Dunkel in einen großen hellen Raum. An den Wänden sehe ich viele bunte Halbedelsteine, vor allem Amethyste, Bergkristalle und Lapislazuli. Das ganze Erleben ist wunderschön und beeindruckt mich sehr. Ich komme mir vor wie in einem Märchen aus Tausendundeiner Nacht." Entsprechend dem Bild des Traumes fand diese Frau nur sehr schwer den Zugang zu ihrem Innern, vor allem zum Unbewußten. Lange Zeit sperrte sie sich gegen das Träumen durch rationale Abwehr. Dieser Traum nun war für sie eine große Ermutigung. Nach ihm konnte sie damit rechnen, daß sie bei aller Mühsal des Weges am Ende Schätze finden kann.

Nicht nur in Höhlen findet sich der Schatz. Vom Märchen kennen wir viele Örtlichkeiten und Möglichkeiten, wo und wie man auf der Suche nach ihm fündig werden kann. Oft sind es bunte, exotische Bilder wie in der Südsee. Diese Bilder werden gelegentlich auch in Farbe geträumt. Der Schatz selbst kann verschiedene Formen haben. Meist sind es Symbole, die auch in der Realität einen besonderen Wert besitzen wie Gold, Edelsteine oder Perlen. Beim Diamanten sind zusätzlich noch Verdichtung, Konzentration und absolute Reinheit im Symbol enthalten. Durch die Kristallisation erhält er eine besondere Struktur und tritt aus der Universalität heraus. Aber auch der einfache Stein kann seine Bedeutung im Reifungsprozeß als Symbol der Härte, Beständigkeit und Echtheit haben. So träumt ein 40jähriger Mann, der sehr nach Selbstdarstellung und Erfolg orientiert war: Er befindet sich in einem Haus, dessen Wände und Fußboden mit glattgeschliffenen, feinpolierten Marmorplatten belegt sind. Er muß vom Fußboden einige Platten abheben. Dies gelingt ihm nur unter großer Mühe. Dabei muß er den Marmor zerschlagen und darunter weitergraben. In der Tiefe von etwa einem Meter stößt er auf eine Schatulle. Er öffnet sie und findet darin einen Stein. Voller Überraschung vermerkt er: Es ist ein ganz gewöhnlicher Stein. Er hebt ihn heraus und nimmt ihn an sich.

In seiner Tätigkeit als Geschäftsmann hat der Träumer eine hohe Gewandtheit, Geschliffenheit und Darstellungsfähigkeit entwickelt. Er lebte ausgesprochen extravertiert und reagibel auf seine Umgebung bezogen. Mit Eifer und Ehrgeiz erreichte er eine hektische Tüchtigkeit. In seinem Bewußtsein war er zufrieden weil er Anerkennung, Erfolg und Gewinn verzeichnete. Seine unbewußte Problematik hatte er in körperliche Symptome abgeschoben. Dieser Mann war nicht mehr in der Lage, in Ruhe zu sich selber zu kommen. Es fehlte ihm die Möglichkeit der Versammlung in sich selbst. Seine Kräfte zerrannen in den Aktionen auf der Jagd nach dem geschäftlichen Erfolg. Um an den Stein, dem Symbol der Verdichtung und Konzentration zu kommen, muß er einen Teil seiner geschliffenen Fassade zerstören. Nachdem dieser Mann seine Probleme erkannt und gelernt hatte, er selbst zu sein, war er auch in Wirklichkeit weniger „aalglatt“, wie er es nannte.

Der Schatz muß gesucht, gefunden und aus dem Untergrund, in den er eingebettet ist, gelöst werden wie die Perle aus der Muschel. Vorausgeht unter Umständen ein Kampf mit einem Drachen, einer Schlange oder einem Vogel, die den Schatz bewachen. Zur Suche nach dem Schatz muß man immer bereit sein, finden wird man ihn nicht sofort und nicht so leicht. Eine Frau träumte: „Ich tauche in einem versunkenen Schiff. Ich finde rote und blaue Plastikteile wie von einem Steckspiel meiner Kinder und einen dreiarmigen Leuchter aus Plastik. Ich bin enttäuscht und kann nicht glauben, daß dies alles ist. Ich suche in vielen Kleidungsstücken weiter nach Schätzen."

Hier liegt der Schatz im Bauch eines Schiffes im Meer als Symbol des Unbewußten verborgen. Diese Frau findet zunächst Kunststoffteile. Der Leuchter, ein Mittel zur Erhellung und Erleuchtung, dient als Hilfe zur Bewußtmachung. Auch er hat in dieser Plastikausführung nicht seinen vollen Wert. So ist er die Vorstufe des eigentlichen Symbols. Die Träumerin hat noch nicht den vollen Zugang zu den tieferen Bereichen ihrer Psyche gefunden. Sie ist enttäuscht, aber zur weiteren Suche entschlossen.

Daß die Schatzfindung und das Erreichen wesentlicher Entwicklungsstufen eine Reifung und ein Hineinwachsen erforderlich machen, sehen wir auch an folgendem Beispiel. Der Text ist recht einfach: „Ich bin bei der Besichtigung eines Hauses. Man muß die Frage stellen, dann bekommt man den Schmuck. Ich tue dies. Alle andern stellen die Frage nicht und erhalten deshalb den Schmuck auch nicht." Durch den Mut zur Frage beweist man seine Anteilnahme am Gegenüber. Man muß das Interesse nicht nur haben, sondern muß es auch ausdrücken. Dann erhält man als Auszeichnung den Schmuck. Das Motiv, den Mut zur Frage zu haben, hat den Menschen immer wieder beschäftigt. Es gehört notwendig zu seiner Entwicklung des sozialen Kontaktes. Fragen stellen heißt, teilnehmen am Gegenüber und an der Welt, aufgeschlossen sein und Zuwendung schenken.

Wer die Frage nicht stellt, ist auf seinem Weg noch nicht an das Ziel gekommen. Er muß weiter wandern in der Welt wie Parzival und sich Prüfungen unterziehen, bis er sich bewähren kann. Parzival stellt die Frage nicht, weil er sich dem Reglement seiner höfischen Erziehung mehr verpflichtet sieht als dem spontan aus seinem eigenen Innern kommenden Impuls des Mitleids zu dem kranken König. Wer so auf sich fixiert ist und so handelt, kann den Schmuck der Reife noch nicht tragen. Die Teilnahme an den Mitmenschen ist nach der Parzivalsage eine Voraussetzung zu der menschlichen Grundhaltung der Suche nach dem Gral, der als geistiges und religiöses Zentrum verstanden werden will. Der Inhalt der Frage ist in unserem Traum wie in der Gralsymthologie unbedeutend und deshalb nicht formuliert. Die Tatsache, daß gefragt wird, ist entscheidend.

Der Schatz ist nicht nur im Dunkel der Tiefe zu finden. Es kann auch sein, daß man ihn auf der Höhe des Berges im vollen Licht suchen muß. Der Gipfel hat die Menschen schon immer besonders angezogen. Dort erlebten sie in der Höhe und Einsamkeit sich selbst und versuchten, über sich hinaus Verbindung zu Gott herzustellen. Der Gipfel ist ein Ort, der dazu gute Gelegenheit bietet. Daher hat er auch in vielen Religionen eine besondere kultische Bedeutung. In früheren Vorstellungen siedelte der Mensch die Götter auf dem Berg an. Diese Berge waren oft so hoch, daß sie sich meist in Wolken hüllten. So glaubten die Griechen bis in die klassische Zeit, daß die Götter auf dem Olymp lebten und von dort Überschau hielten, um wenn nötig persönlich oder durch Boten auf Erden eingreifen zu können. Auch Hinduismus und Buddhismus haben gemein, daß sie den heiligen Berg Kailash in Tibet als Symbol des Weltbergs Meru verehren. Er ist für sie der Mittelpunkt der Welt und Sitz von höchsten Gottheiten und Buddhas. Nach dem Alten Testament ging Moses auf den Berg Sinai, wenn er mit Gott in Verbindung treten wollte. Dort erhielt er die Gesetzestafeln.

Im Traum des Menschen unserer Kulturstufe kann das Erleben des Berges mit dem Finden des Schatzes zusammengebracht werden. „Ich habe einen Berg bestiegen und sonne mich auf dem Gipfel. Ich bin allein. Die Sonne scheint warm. Da sehe ich an einer Stelle im Fels etwas blinken. Ich gehe dorthin und finde mehrere Bergkristalle. Ich kann sie leicht herausnehmen." Der Bergkristall kommt als Symbol dem Diamanten, von dem wir vorher sagten, daß er höchsten Wert, Verdichtung und Konzentration in sich vereint, sehr nahe. Schon in seinem Namen verbindet sich die Bedeutung des Berges mit der des Kristalls. Die Träumerin erlebt alle Einzelheiten, die zur Schatzfindung auf dem Gipfel gehören und geradezu Voraussetzung sind: Sie hat den Aufstieg zum Gipfel geschafft, ist mit sich allein, damit auch auf sich konzentriert und kann dies aushalten. Indem sie sich im Traum der Sonne aussetzt, läßt sie sich in die kosmischen Zusammenhänge einbeziehen und empfindet wohlig die wärmenden Strahlen. Unter diesen Bedingungen kann der Kristall gefunden und leicht aufgenommen werden.

Das Mühen um das Aufsteigen zum Gipfel ist uns als Bild für das Vorankommen und damit in übertragenem Sinn für Entwicklung und Reifung leicht eingängig. In Träumen findet es sich häufig als Aufforderung und Hinweis, wo man steht und wie man am besten weiterkommt. Jeder muß seinen Weg und seine Art des Aufstiegs selbst finden. Eine Frau träumte ihr Vorhaben in folgender Weise: „Ich muß auf einen Berg steigen. Er steht groß und nebelverhangen vor mir. Ich will den kürzesten Weg wählen, schaffe es jedoch nicht. Der Boden ist naß und rutschig. Da finde ich an der Seite, links von mir, eine Stelle mit kleinen Stufen. Hier geht es nicht senkrecht, sondern weniger steil nach oben. Ich gehe befriedigt zunächst in mein Quartier zurück und betrachte vom Fenster aus den Hang. Eine Gruppe von Bergsteigern kommt bei mir vorbei. Sie fordern mich auf, mit ihnen auf den Berg zu gehen. Ich sage, sie sollen schon vorausgehen. Ich steige später auf."

Diese Frau wird sich im Traum bewußt, daß sie ihren Weg zu ihrer Zeit gehen will und kann. Sie erkennt, daß nicht der direkte Aufstieg die Lösung bringt. Unser Verstand weiß zwar aus der Geometrie, daß die kürzeste Verbindung zwischen zwei Punkten die Gerade ist. Im Reifungsprozeß am Berg lernt die Träumerin, daß sie nicht die Diretissima wählen soll sondern den Umweg, der sie über kleine Stufen in die Höhe führt. Darüber hinaus erkennt sie an dieser Stelle, daß für sie ein Zurückgehen und nochmals Ansetzen keine Schande, eher die Möglichkeit zu neuer Versammlung sein kann. Sich zurücknehmen fällt uns schwer, weil wir in unserer Erziehung und Ausbildung auf eine Leistungskurve, die ohne Knick nach oben zeigen muß, eingestellt wurden. Wieviel Lebensweisheit steckt doch in dem französischen Wort „reculer pour mieux sauter", wo im Zurückgehen der Ansatz zum besseren Sprung enthalten ist. Die Träumerin geht befriedigt in ihren Stützpunkt zurück und läßt sich auch nicht durch den Anstoß der Gruppe in ihrem Zeitplan stören.

Das Bestreben im Traum, durch Höherkommen mehr Übersicht zu erreichen und damit sein Bewußtsein zu erweitern, wurde schon im ersten Teil bei der Einführung in die Traumsprache erwähnt. Auch in dem angeführten Beispiel ist auf die Mühe hingewiesen, die der Mensch dabei auf sich nehmen muß. Dort tritt zwar ein Erfolgserleben in Form einer Befreiung ein, aber ein Teil des Gipfels bleibt im Nebel. In andern Träumen wird die letzte Wand als besonders schwierig geschildert. Sie ist am steilsten oder besonders glatt durch Vereisung. Gelegentlich ist das Licht auf dem letzten Abschnitt sehr hell. Es blendet so stark, daß der Versuch, die letzte Spitze zu erreichen, daran scheitern muß. Ein junger Mann erlebt dies im folgenden Traum:

„Ich mache eine Bergtour mit einigen Gleichaltrigen. Der Gipfel liegt sehr hoch, sicher ein Achttausender. Kurz vor dem Gipfel auf einem Schneegrat kommt man vom Dunkel in das Sonnenlicht. Dieses Licht blendet so stark, daß ich nichts mehr sehe. Ich bücke mich und bin dadurch wieder im Dunkel. Ich versuche es noch einmal, aber das Licht ist zu grell, die Sonne zu nahe. Es besteht keine Chance, den Gipfel zu erreichen." Dieser Träumer bewegt sich seinem Alter von 21 Jahren entsprechend auch bei der Suche nach seiner Persönlichkeit in der Gruppe. Er braucht dazu laufend Vergleiche mit andern, aber auch Stütze und Spiegelung durch sie. Deutlich ist im Traum auch die Haltung des Pubeszenten aufgezeigt, in seiner Zielsetzung extreme Werte in Gestalt des Achttausenders anzugehen. Vielleicht liegt in diesem Streben nach der absoluten Spitze der Ansatz zum Scheitern. In diesem Alter kann man es noch nicht aushalten, sich in vollem Bewußtsein zu begegnen. Auch die Konfrontation mit der Transzendenz im Symbol der Sonne ist in dieser Höhe und Klarheit für einen jungen Menschen nicht zu ertragen.

Doch auch ein 40jähriger Mann erschrickt und reagiert voll Angst, als er auf dem Gipfel eines hohen Berges im Schnee jemandem gegenübersteht und in diesem Gegenüber sich selbst erkennt: „Ich blendete sofort, ganz schnell, erschrocken ab. Das war zuviel für mich. Ich hatte Angst, mich anzusehen." Diese Begegnung mit sich selbst weckt in ihm alte Ängste, die er seit der Kindheit mehr oder weniger bewußt mit sich schleppte. Sie bezogen sich auf Vorstellungen, er könnte etwas falsch machen, er dürfe dies und jenes nicht und es sei besser, alles zu verdrängen. Seine Schilderung der Situation auf dem Gipfel drückt die Erschütterung aus, plötzlich soviel Bewußtheit über sich selbst zu erleben. Er vergleicht die Erscheinung mit der eines Engels, wie er sie aus den Texten des Alten Testaments kennt, bemängelt jedoch, daß er sich so unvermittelt gegenübersteht, während sich der Engel mit der Formel „Fürchte Dich nicht! Ich bin ..." ausweist.

Was den Träumer ängstigt, ist das Erkennen, daß zu seiner ihm zugänglichen und bewußten Persönlichkeit neue, seither unbewußte Teile hinzutreten. In der Auffassung der Psychologie C. G. Jungs ausgedrückt bedeutet dies den Übergang vom Ich zum Selbst. Dadurch wird das Individuum deutlich erweitert, aber auch nicht mehr scharf abgrenzbar, da Teile immer im Unbewußten bleiben werden. Das Selbst ist nicht definierbar. Es macht sich deutlich in Symbolen, wie wir sie in diesem Teil des Buches aufgezeigt haben: dem Diamanten, dem Schatz, der Sonne, auch in kosmischen Bildern der Ganzheit wie dem Mandala. Durch die Entwicklung und Reifung geht diese Verschiebung des Akzents vom Ich zum Selbst vor sich. Im Aufstieg zum Gipfel und der Begegnung dort wird dieser Prozeß am besten ins Bild gesetzt.

Die Suche nach dem Selbst kann im Traum einen längeren Aufenthalt auf dem Berg bedingen. Eine Frau träumt: „Ich bin mit meinem Auto in einer Berglandschaft unterwegs und versuche, soweit wie möglich auf den Berg zu kommen. In einer gewissen Höhe muß ich den Wagen stehen lassen und zu Fuß weitergehen. Weiter oben hört auch der Trampelpfad auf. Ich muß mir meinen Weg selber suchen. Ich weiß, daß oben auf dem Gipfel eine Hütte ist. Ich finde sie auch und muß darin einige Zeit bleiben. Danach werde ich wieder in das Tal und zu den Menschen zurückkehren."

Auf den vorgebahnten Straßen und Wegen kommt man über eine gewisse Höhe und Grenze nicht hinaus. Wie oben schon erwähnt muß jeder seinen Aufstieg für sich suchen. In dieser Höhe gibt es keine Trampelpfade mehr. die Einsamkeit am Berg ist Voraussetzung zur Erreichung des Ziels. Bedeutsam ist in diesem Traum, daß die Selbstfindung nicht punktförmig als einmalige Begegnung stattfindet, sondern eine Phase von Selbstbesinnung in meditativer Schau in Form des Aufenthalts in der Hütte auf dem Gipfel notwendig macht. Die Träumerin weiß jedoch schon, daß diese Zeit der Introversion begrenzt ist und daß sie nach dieser Bewußtseinserweiterung in ihr Tal zurückkehren soll, um das Erfahrene dort einzubringen. Das Leben und damit die Verwirklichung vollzieht sich im Alltag und in den Niederungen.

Aus den letzten Beispielen ergibt sich ganz selbstverständlich, daß der Weg zu sich selbst verbunden mit der Klärung der Frage nach dem Sinn und der Verwirklichung der Lebensaufgaben auch den religiösen Bereich berührt. Ein 35jähriger Mann, der von sich vor einiger Zeit noch ausdrücklich sagte, er lebe ohne jede religiöse Bindung, hatte diesen Traum: „Ich bin in einer Landschaft, die mich sehr positiv anspricht. Dort ist ein See, Wald und eine Kirche. Zunächst befinde ich mich vor der Kirche und wärme mich in der Sonne. Dann trete ich in die Kirche ein. Ich erlebe den Raum, die Stille und habe das Gefühl, daß hier innen in der Kirche und draußen in der See- und Waldlandschaft alles übereinstimmt und zusammengehört. Auch ich gehöre dazu und bin einbezogen." Das Erleben der religiösen Einbindung kommt für den Träumer auf ganz natürliche Weise zustande. Die Symbole des Wassers, aus dem alles Leben kommt, des Waldes, in dem sich das Unbewußte versinnbildlicht und der Kirche als religiösem Aspekt schließen sich zusammen zu einer Einheit. Auch die Korrespondenz zwischen dem Innen in der Kirche und dem Außen in der Landschaft ist im Traum ausgedrückt. In diese Übereinstimmung sieht sich der Träumer einbezogen, indem er alles nun bewußt in sich selbst erleben kann.

Eng verbunden mit dem religiösen Erleben ist das Leiden. Es gehört zur Reifung unabdingbar dazu. Im Traum eines Mannes ist es so formuliert: „Ich bin einer der Schächer am Kreuz auf dem Berg Golgotha. Ich sage zu Jesus: Herr, ich habe gelogen in meinem Leben. Er antwortet: Ich vergebe Dir." Auf das Stichwort „gelogen haben" fällt dem Träumer ein, daß er als siebenjähriges Kind in der Schule aus Anpassung und Labilität eine Frage bejaht hatte, die er von der Sache her hätte verneinen müssen. Eine solche Kleinigkeit kann bei der Bedeutung des Traums nicht gemeint sein. Die übergroße Bereitschaft zur Anpassung bleibt zwar auch bei der Deutung auf höherer Ebene als Ursache erhalten. Die Unwahrheit besteht jedoch in seinem Verhalten seiner eigenen Person gegenüber: Er hat sich in seiner Anpassungsbereitschaft und seiner Labilität zu wenig gestellt als Mann. Auseinandersetzungen und Konfrontationen hat er vermieden. Dadurch konnte er nicht *sein* Leben und den in ihm angelegten Entwurf verwirklichen. Er wurde sich selber untreu. Dies wird ihm nun auf dem Berg des Leidens zum Bewußtsein gebracht. Er nimmt es an, indem er sich selbst im Traum als Gekreuzigten sieht. Durch diese Bereitschaft zum Leiden wird ihm vergeben wie einem der beiden Schächer im Neuen Testament. Das Leiden zulassen ist ein wichtiger Reifungsschritt. Da der Mensch gewohnt ist, alles zu tun, um Leiden für sich zu vermeiden und von sich abzuwehren, kommt der Umstellung zur Bereitschaft, das Leiden anzunehmen, geradezu erlösende Wirkung zu.

Wie aus Leiden reife Frucht werden kann, malte eine Frau in diesem Bild: Sie liegt auf der Erde ausgestreckt. Um sie herum und auch aus ihrem Körper wächst Gras. Dieses wandelt sich im Laufe des weiteren Malens in Getreidehalme, die oben deutliche Ähren tragen. Daß über vieles, was sie in ihrem Leben mitmachen mußte, Gras wachsen sollte, war wohl schon lange Wunsch und Vorstellung der Träumerin gewesen. Es ist verständlich, die Verarbeitung negativer Eindrücke im Vergessen zu suchen. In diesem Bild bleibt der Prozeß jedoch dabei nicht stehen. Aus dem Gras werden Ähren. Das Leiden führt zu Frucht und Reifung.

Register der Symbole